増災と減災

行き過ぎた再生可能エネルギー開発による災害への警告

鈴木　猛康

理工図書

まえがき

良かれと思った開発や制度が、のちに大きな災いを招いてきた。本書ではそれを増災と呼ぶことにした。開発と災害は両立できないトレードオフの関係にある。開発や開発を推進するための法制度には、わかりやすい目先のメリットがある一方、災害となって後世に禍根を残し、長期にわたって人々を苦しめるデメリットがある。また、原発事故のような大事故となって突如として顕在化するものもある。どちらのケースでも、失敗に気づいても元には戻すことができない不可逆性が特徴である。

一方、１９９５年阪神淡路大震災の教訓として、災害が発生することを前提に、被害を最小限に留めるための、ソフト（法制度）を中心とした施策として、減災という概念がある。河川の堤防を整備して災害を起こさない防災に対して、避難することによって人命だけは守ろうとするのが減災である。水防災において我が国では、河川施設のハード整備が公共事業費の削減により困難となったことから、2005年に水防法を改正し、ハザードマップに基づいた避難体制を整備する減災へと大きく舵を切った。しかし、大切な資産を失ってしまうのでは、被害を最小限に留めたとは言えない。やはり、事前に災害に強いまちづくりを行う必要がある。このようなまちづくりを、本著では事前減災と読んでいる。

本著では、古代や中世の日本における増災について述べた後、2021年8月に発生した熱海市伊豆山地区の土石流災害を振り返る。この災害には後に議論する「現代の増災」を考える上でヒントとなる重要な要素が散りばめられている。この災害では、土砂災害警戒区域の上流に存在する土砂の種類や土砂量、そしてその安定性に対応した警戒避難が困難である等、土砂災害防止法では居住者の安全がカバーできないことが顕在化した。盛土に関する法制度運用ならびに行政の対応にも、我が国の縦割り行政や、地方分権改革に基づく都道府県への許認可権限移譲の問題点等、我が国の縮図と言ってよい構造的課題がある。したがって、防災の専門家として、熱海市土石流災害について整理した。

本著では現代の増災として、行き過ぎた再生可能エネルギー開発とグランピング開発という2つの増災の可能性について指摘している。気候変動対策として我が国を含む多くの先進諸国が取り組む再生可能エネルギー開発は、行き過ぎてしまうと土砂災害に留まることなく、地域を崩壊させ、日本列島を荒廃させるような大きな犠牲を伴う可能性があることを説明する。また、グランピング開発を通して、縦割り行政の弊害が大災害につながる危険性について、都道府県や市町村への許認可権限移譲の問題を含め、実例を挙げて説明する。

増災と言って開発に反対するばかりでは、より良い、かつ安全なまちづくりにおける課題解決にはつながらない。そこで、増災を事前に防止するための方法について、いくつか提案させてもらう。過去に学び、現在の増災について見つめ直し、将来の増災を予防するために、そして被害を事前に軽減する事前減災のために役立てていただきたい。

第2章　熱海伊豆山地区の土石流災害から学ぶ

第3章　現代の増災

第4章　行き過ぎたグランピング開発は増災
―縦割り行政の弊害が増災につながる―

第5章　将来に備える事前減災

第6章 増災をなくすために

第7章　気候変動と自然災害

第1章　増災とは、そして減災とは

1・1　日本は自然災害の多発国

我が国は自然災害の多発国（Disaster-prone Country）である。日本列島は急峻な地形、脆弱な地質で構成されている。世界の0・25％の面積であるのにかかわらず、世界で発生するマグニチュード5以上の地震の約20％、活火山の約7％が我が国の国土ならびに周辺海域に集中しており、年間降水量も多い。また、アジアモンスーン地帯に位置する島国であるため、台風の襲来を受ける。狭い国土の20％の平野部に人口の約50％、財産の約75％が集中するなど、我が国では地震、津波、豪雨、豪雪、台風、高波・高潮、地すべり、がけ崩れ、土石流、火山噴火等、ありとあらゆる自然事象（ハザード、Hazard）が多発する。

災害のことを英語ではdisasterと言う。disは「離れて」あるいは「〜なしで」という否定的を意味し、asterはギリシャ語の'astron'、すなわち星を意味する。したがって、disasterは星のない状態、星に見離された「不運」を意味する。災害とはハザードによって人の生命、身体、財産が損なわれることである。したがって、所有者のいない無人島や砂漠のど真ん中で大地震が起こったとしても、人の営みがないので災害が発生することはない。経済大国である我が国では、狭い国土のさらに平野部に人も財産も集中しているため、ハザードが災害に直結し、さらにその規模も大きくなる。その結果、我が国は自然災害リスクの高い国、災害多発国となっている。

繰り返し発生する自然災害を経験し、自然災害から学んだ結果、災害の発生を未然に防止し、被害を軽減する技術が構築され、仕組み（法制度）が整備されていった。その結果、我が国は防災先進国と言われるほど、災害対策がもっとも進んだ国の一つとなった。それでも年間の自然災害による犠牲者は世界の約０・３％、被害額は世界の約10％を占めており、やはり現在でも災害多発国であり、さらなるハード、ソフト両面の災害対策の強化・拡充が望まれている。

1・2　自然災害の素因と誘因

自然災害は、誘因が素因に作用することによって生じると説明することができる。図─1・1を用いて説明する。誘因とは、地震によって発生する津波、砂地盤の液状化、台風、高波・高潮、豪雨や豪雪によって発生する洪水、積雪、地すべり、がけ崩れ、土石流、火山噴火、火山噴火によって発生する溶岩流、火砕流、噴石等の自然事象あるいはハザードのことを意味する。我が国においては、ありとあらゆる種類の自然災害のハザードがあり、その発生頻度が高く、強度も高い。また、地震や台風といった誘因である自然事象を防止することはできない。

素因にはハザードを生じやすい地形や脆弱な地質といった自然素因と、人口や建物・施設・資産の集中した社会や組織の脆弱性といった人の営みに起因する社会素因がある。山地か平野かによって発生する災害の種類も規模も異なる。例えば、地盤が軟弱で低い土地である沖積平野は、地震では揺れやすく、豪雨では浸水や河川氾濫の影響を受けやすい自然素因を有している。また、社会素因には、災害において犠牲者を増やしてしまう高齢化社会や維持管理の行き届かないインフラの脆弱性などが含まれる。自治体の実効的な防災体制の整備状況や地区住民の防災意識の高低も、社会素因に含まれる。急傾斜地における切土・盛土による宅地開発や湿地の埋立て、斜面を造成した大規模太陽光発電施設など、人口改変を行った土地は、自然素因と社会素因の中間

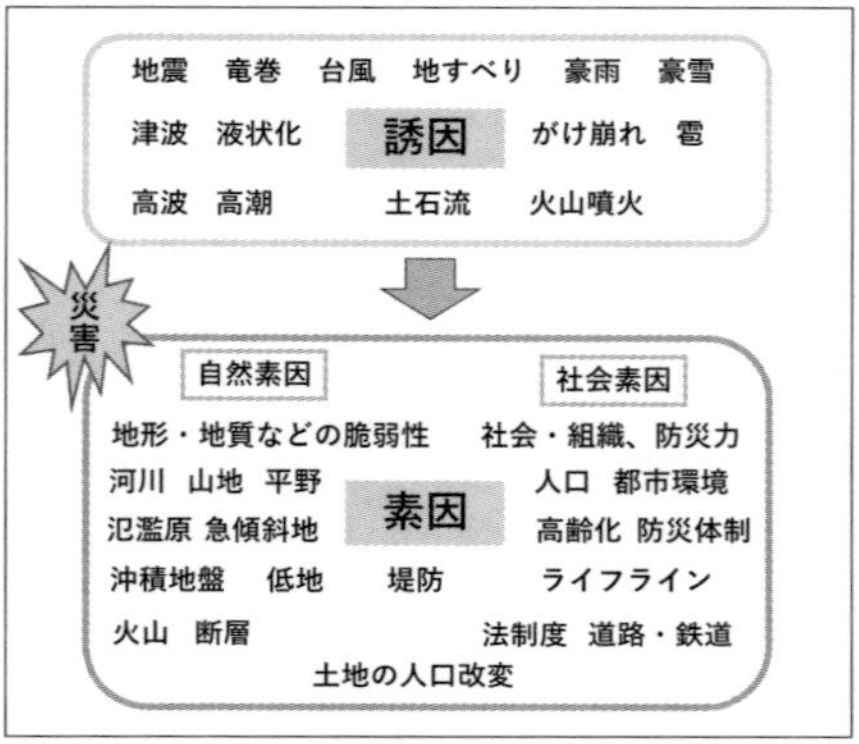

図－ 1.1　自然災害の誘因と素因

的存在と言える。

誘因を防止、軽減することはできないが、素因に働きかけて災害の発生を防止したり、被害を軽減したりすることはできる。自然災害の予防とは、堤防のかさ上げ、建物の耐震化等のハード対策によって災害の発生を未然に防止することである。また、自然災害による被害の軽減では、砂防堰堤のようにハード対策によって最悪の被害から免れ、被害規模を縮小させることも重要であるが、河川氾濫時の避難、法制度改正による宅地開発の制限、防災教育の強化、地区防災活動の推進などのソフト対策による社会素因の強化が有効と言える。

1・3　砂防の父　ヨハネス・デ・レーケ―山を守ることが水害を減らすこと―

「砂防の父」、「治水の恩人」あるいは「近代砂防の祖」と呼ばれたオランダ人がいる。明治６（１８７３）年、31歳の時、明治政府による海外の学問や技術の国内導入制度によって内務省土木局に招かれ、淀川の改修や三国港の改修、常願寺川の改修などに30年間にわたって携わった土木技師・ヨハネス・デ・レーケである。デ・レーケは、内務省の土木技術の助言者や技術指導者として現場を指揮し、のちに内務大臣の技術顧問である内務省勅任官技術顧問となった。

明治6年に内務省が新たな大阪港をつくることになった。デ・レーケはもう一人の技術者エッシャーとともに、淀川流域の上流で調査をした結果、流出する土砂の量が減るまで、新たな大阪港は建設できないとして、小型の蒸気船が大阪湾から京都まで航行できるように淀川を改修することを提言した。大阪から淀川、宇治川をさかのぼり、宇治で船を降り、そこからは陸路で山科、浜大津まで行き、そして琵琶湖を船で瀬田に渡った。そこで視察した田上山《たなかみやま》は雪でも積もっているかのように白い禿山であり、多くの土砂を平野へと流出させていた。そこで、二人は内務省土木領へ報告書を提出し、砂防工事の必要性を訴えたのである。当時の砂防工法とは、①若い木を山の砂面や崖に植える、②丘の斜面に藁を抑え込んで覆う、③木、石、砂で谷の狭くなっているところに砂防ダムをつくる、というものであった。その報告書には砂防の具体的な方法を示した「砂防工法図解」が含まれており、砂防工法の原典となった。

明治6年頃から田上山で砂防ダムの施工が開始され、淀川水系で砂防工事が行われるようになった。実はエッシャーはフランスで砂防技術を学んだ設計を専門とする1等技師、デ・レーケは施工監理の4等技師として来日しており、エッシャーによる設計図面に基づいてデ・レーケが施工を監理した。したがって、エッシャーは日本人と話す機会が少なかったが、デ・レーケは政府や都道府県のみならず、工事関係者とも積極的にコミュニケーションをとる必要があった。そして、氾濫を繰り返す河川を治めるため、放水路や分流の工事を行うだけでなく、根本的な予防策として水源山地における砂防や治山の工事を重要視した。山を守ることが水害を減らすことなのである。デ・レーケは砂防を体系づけた技師として高く評価されることとなり、砂防と言えばデ・レーケ、「砂防の父」などと呼ばれるようになった。しかし、フランスに古くからあった砂防の設計技術は、エッシャーが日本へ技術移転したのである。

常願寺川は、流路の総延長が56㎞、そのうち平野を流れる部分は18㎞にすぎない。水源は３００ｍ級の山々にあり、平均斜度は30分の１である。デ・レーケが常願寺川を視察した際、「これは川ではない、滝だ」と言ったとされていた。「常願寺川は滝である」という言葉の出所は、富山県知事が内務省直轄事業として実施してもらうため、内務大臣に出した上申書であるという。上申書にある文言は、「…70有余の河川みなきわめて暴流にして、山を出て海に入る間、長きは67里、短きは23里にすぎぬ。川といわんよりは寧ろ瀑と称するを充当すべし…」であり、これがデ・レーケが言ったと伝えられたものとされている。しかし、２０２０年になって、当発言はデ・レーケによるものではなく、オランダ人技師ローウェンホルスト・ムルデルの発言であり、かつ川は常願寺川ではなく早月川を指していたことが、富山県会議事録で裏づけられている。

1・4　山と海はつながっている

大阪港の新設に対して、淀川の源流まで調査したオランダ人技師の話を紹介したのは、山と海の関係を読者に知っていただきたいからである。本書の増災について理解していただくために、森林↓里山↓河川↓海の土砂、水、栄養素の移動について事前に知っておいていただきたい。フランスの砂防技術では、海のこと、川のことは、山に聞く（確認する）のが常識だったのである。

そもそも江戸時代まで日本人は、里山では山で樹木を伐採し、落枝、落葉を採取し、建設資材、エネルギーと肥料を森林に依存する生活をしていた。その代わり、適度に植林をし、山の維持管理をしていた。森林の資源を採取しすぎた場合は自然に山が崩れ、豪雨や地震があると山が崩壊した。近年では、林業の採算性の低下や担い手の高齢化、後継者不足など、従来の林業による生産活動を前提とした森林整備システムが限界に達しており、森林所有者の努力のみでは管理しきれず、放置される森林が発生している。その結果、森林では樹木が朽ち果て、根まで腐って表土が流出し、山が崩れるのである。
森林が山から里山、川、海へと運搬するものは、水、土砂とともに、窒素・リン・ケイ素・鉄（フルボ酸鉄）などの栄養素がある。森林の保全は里山の農業や生物多様性を育み、二酸化炭素の吸排出（森林、土中細菌、海藻）、里山の作物、沿岸の漁業にも影響するのである。森林で乱開発を行えば、その影響は沿岸地形を変え、観光産業に悪影響を与える。その変化は、里山の土砂災害から始まり、次第に河川、海へと拡大し、元には戻ることはない、すなわち不可逆的なのである。

人為的な沿岸地形改変の例として、江戸時代のたたら製鉄と鳥取県弓ヶ浜半島の関係が挙げられる。米子《よなご》市から境港市に至る弓ヶ浜半島は、日本最大級の砂嘴《さし》である。日野川の上流は古来より鉄の産地として知られ、17世紀前半頃より鉄穴流《かんなな》し《が》による鈩《たたら》製鉄が盛んに行われるようになった。鉄穴流しとは、風化した花崗岩を掘り崩してまさ土として水路に流し込み、比重の差を利用して砂を採集する方法で、必要な砂鉄を得るためには莫大な土砂を掘り崩す必要があった。もともとは夜見島《よみしま》という島があったが、日野川上流域で盛んに行われたたたら製鉄で大量の砂を流したため、それが沿岸流によって流されて半島に発達し、入り江を遮断した結果、中海が汽水湖となったのである。たたら製鉄が行われなくなった大正10年頃から砂浜の侵食がはじまり、海岸が３００ｍも後退し波浪による被害が出るようになった。しかし、昭和30年から築かれた防潮堤や、昭和46年から沖合約１００ｍのところにテトラポットを設置したことにより、昭和53年には海水浴場が復活した。このように、河川からの土砂の供給量を増やしたり、ダムを建設したりすることによって土砂供給量を減らすと、沿岸の地形を変えてしまうのである。

九州北部豪雨では、各地で土砂災害、水害が多発した（写真―1・1）。とくに土石流は河川へ流入し、筑後川へ集まって有明海へと流出した。そのため、有明海沿岸には泥が堆積し、流木や倒壊家屋による生活用品（住宅建材、プロパンガス、家財道具、生活用品など）が漂流・漂着した。そのため、沿岸では貝等の魚類が死滅し、漁港から船が出航できなくなる事態となった。その影響は、観光や環境面にも及んだ。有明海の潮汐《ちょうせき》や風向による漂流物の移

写真－1.1 九州北部豪雨によって発生したがけ崩れ（福岡県朝倉市）

動により回収範囲が日々変化することや、陸域から直接回収が困難な漂着物等についてはクレーンによる回収を強いられ、また、陸域からのクレーンによる回収や海域からの船舶による回収がいずれも困難な遠浅の干潟に留まる多量の大木や漂着物等の回収に困難を極めた。山を守ることは海を守ることになるのである。

1・5　人為的に大規模災害発生リスクを高める、それが増災

増災とは、人為的行為、施策によって、災害発生の素因を大幅に悪化させ、大規模災害の発生リスクを高める行為あるいは施策である。増災は人災と似ているが人災とは異なる。ソフトかハードか、住民、地域コミュニティ、行政、企業等に関係なく、すべての組織がかかわるので、みんなが増災の要因とならないか各行為を監視し、増災の要因を早期に取り除く必要がある。とくに、国土・都市開発、エネルギー対策などの国、自治体の施策とのトレードオフで発生することに気をつけなければならない。

トレードオフは基本的に「両立できない関係性」を指す言葉として使われている。2つの物事がある状態で1つを選択すれば他方が成り立たない状態や、一方が得をすれば他方は損をしてしまうというような状態や状況を表す。これから紹介する「開発」は、

人の生活にとって欠かせない居住やエネルギー確保と言った良いことのために行われる。あるいは、快適な生活のために行われる開発における様々な障壁を取り払う規制緩和や政策は、対象となる人々にとっては大変ありがたい行為として受け入れられる。しかし、世の中では、開発のトレードオフによって、その弊害として悪いことが発生しないケースは極めて稀であり、多かれ少ながれ、開発は弊害を伴う。災害発生リスクを大幅に高める開発行為あるいは開発推進制度のことを、本著では増災と定義する。河道《かどう》の固定化、低地や斜面の宅地造成、森林での再生可能エネルギー開発、急な斜面での別荘地やキャンプ場造成など、行き過ぎた場合はすべてが増災となる。

我が国では、戦後のベビーブームとその後の高度経済成長によって、市街地の拡大と無秩序なスプロール現象が顕在化し、住宅地の建設ラッシュを迎えた。人口増加に対応した住宅の供給は不可欠であり、そのために郊外でのニュータウン開発も必要であった。その結果、それまでの宅地開発は、災害リスクの比較的低い旧市街地に収まっていたが、郊外、とくに河川に近い低地や土砂災害のリスクの高い斜面にまで宅地開発が進んでしまった。そして、河川氾濫や土砂災害によって、人の生命、身体、財産が脅かされるよ

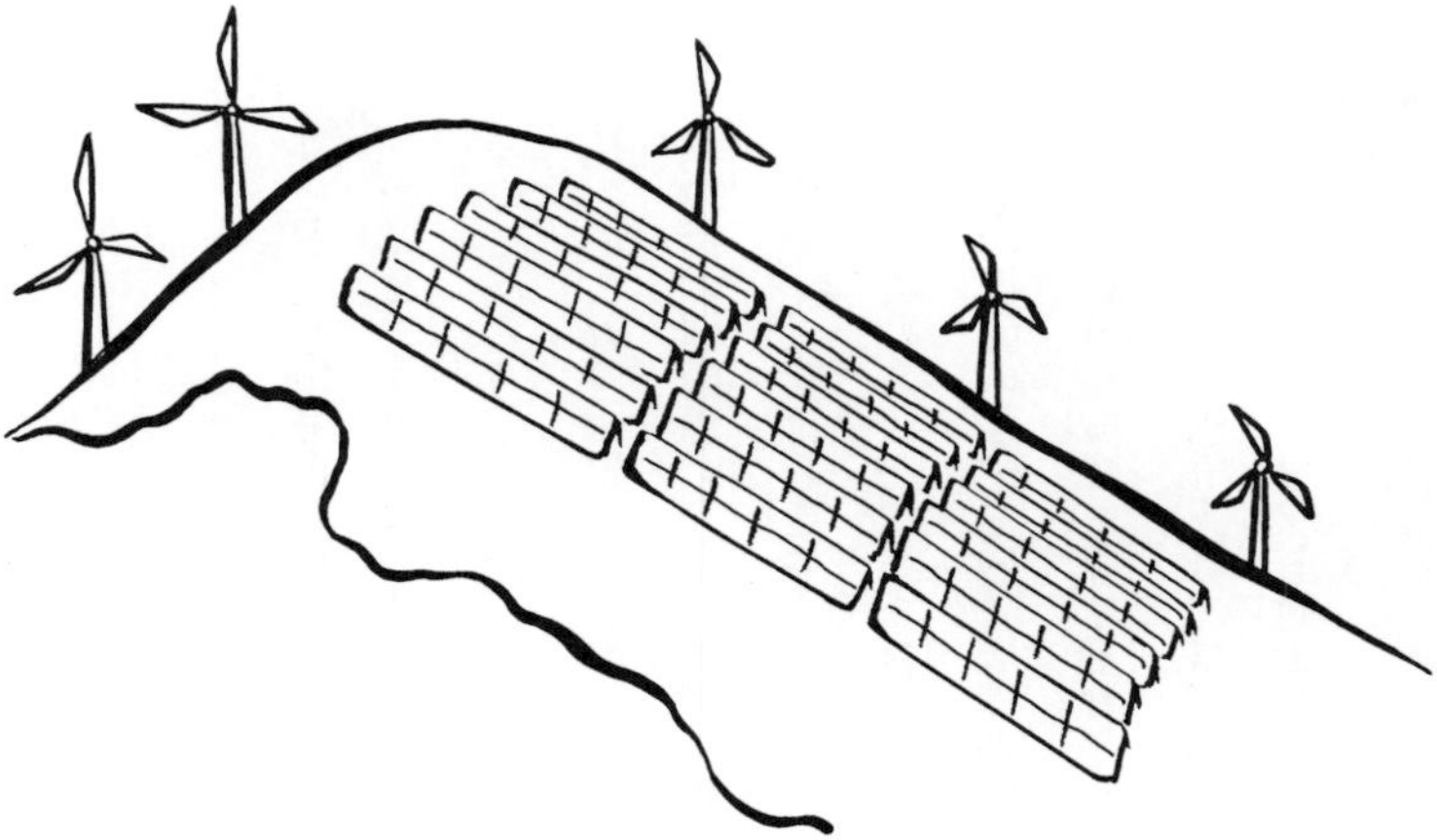

良いと思ってしたことなのに大災害につながるの？
これ以上悪い状態にしたくないけどどうすればいい？
トレードオフ

うになったのである。田中角栄元首相によって発表された国土ビジョン「日本列島改造論」のバブルの波に乗って行われたゴルフ場やリゾート施設の行き過ぎた乱開発も増災だったのである。

1・6　社会素因を向上させること、それが減災

増災という用語は、減災に対する反意語として定義した。それでは減災は何を意味するのであろうか？　災害によって被る被害を最小限に抑えるために、あらかじめ行う取組みのことを、減災と定義している。１９９５年阪神淡路大震災の後、当時の京都大学教授の河田恵昭先生が提唱された。大地震のような自然災害の発生を防ぐことは難しいため、災害は起きるという前提のもとで、被害をいかに軽減させるかが重要との考えで、減災の方法が提案された。

河川堤防の強化や砂防堰堤の建設は、ある設計外力に対して、氾濫や土砂流出を制御するという意味で、文字通り予め災害を発生させない「防災」であり、その多くはモノをつくったり強化したりするハード対策である。これに対して減災は、法制度や仕組み、計画を主とするソフト対策と位置づけられる。大切なことは、できるだけ毎年経験する

ような自然の脅威に対してはハード対策によってきっちりと防災を行うが、忘れたころに、けれども確実に襲来する自然の脅威に対しては、減災によって生命、身体を守ることである。もちろん、資産の損失も最小限に留めたい。増災と減災は互いに反意語であって、両者はトレードオフの関係にはない。開発は我々人類の暮らしを向上させるために、発展途上国では人口増加に対応するために必要不可欠な行為であるが、行き過ぎた開発を行って増災を招いてしまうと、地域や国、場合によっては世界が崩壊することになりかねないのである。決して大げさにではなく、グローバル社会では起こりうることなのである。増災にならないように配慮しつつ、社会素因を向上させる減災を日常生活の中で育んでいくことが現実的かつ望ましい。

平らな土地が少ない広島市では、経済成長とともに人口が増加し、花崗岩の山の斜面で上流に向かって宅地開発が進められた。その結果、１９９９年に広島県土石流災害が発生し、46名の尊い命が失われた。この土石流災害を契機として、２００１年に土砂災害防止法が制定され、建築構造制限、土砂災害警戒区域の指定、土砂災害警戒情報に基づいた警戒避難体制の構築が推進されるようになった。この場合、斜面での行き過ぎた宅地造成は増災、宅地上流の砂防堰堤《さぼうえんてい》の建設は防災、土砂災害防止法に基づいた警戒避難体制の構築は減災である。

1・7　人口増、河道の固定化

図—1・2は山地河川の谷底平野を模式的に示している。もともと川は自由に流れていた。洪水時には上流からの土砂を運び、両岸や河床の土砂を洗堀しながら流れ、下流が流出した土砂で堰き止められると、より洗堀しやすい岸を壊して新たな流路をつくって流れる。このようにして蛇行した流路が形成されてきた。したがって、河道の近くにはかつて流路であった場所が三日月湖として残ったり、破堤の痕跡が見られたりする。

河川の背後にある後背湿地は、水田となって稲作が行われるが、洪水のたびに氾濫が発生し、土砂が水田に流出するような場所は稲作に適さない。したがって、稲作は川から十分離れた場所で行う必要がある。ところが、人口が増えることによって食料が不足するので、稲作面積を増やさなければならなくなっ

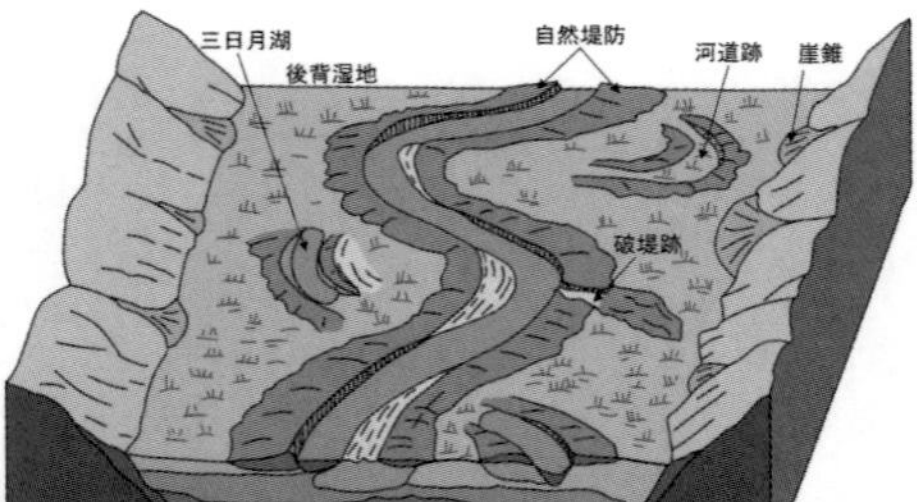

図— 1.2 河川によって形成された地形

た。そこで、川に堤防を築き、その表面や法面《のりめん》を覆って保護することによって堤防を強化し、水流の浸食破壊を防ぐ護岸工事を行って河道を固定することが行われた。すなわち、谷底平野はもともとすべてが川であったが、自由に流れていた河道を固定し、流れを拘束することによって、利用できる土地を確保しようとしたのである。

このことは、人口増に対する流域政策として重要であった。しかし、川が流すことのできる洪水の規模(流下能力)を洪水の流量が超えれば、洪水は堤防を越えて川から溢れるのは当然のことである。かつては川から水が溢れようが、谷底平野で流路が変化しようが、河川施設内のできごとであったから災害とは呼ばなかった。しかし、そこに資産としての水田が広がり、稲作が行われていれば、人の資産が損なわれて被害が発生するので災害となるのである。さらに、そこに集落が形成されていれば、人的被害も発生する。洪水は山から土砂を運び、川底に堆積させて川の流下能力を減少させる。そこで、堤防を高くして流下能力を確保しようとする。これが繰り返されると、川底が周辺の土地よりも高い天井川となり、堤防が決壊すると上流からの洪水がすべて住宅地や農地へ流出し、水害の規模を拡大させるのである。

図―1・3は我が国の人口の推移を示している。戦乱の世から江戸幕府による全国統一によって政治が安定し、人口が急増したことがわかる。そのため、幕府や藩は土地を開墾し、海や沼地を埋め立てて、新田を開発した。農業技術の進歩もあり、生産力も向上して農業生産量が増えたため、さらに人口は増加したのである。新田開発において、河道の固定は全国で進められた。一方、享保の飢饉によって、農業生産量が減ると、人口も減少に転じている。明治維新によって人口は増えつづけ、ますます河道の固定化、沼地の埋立て等が行われ、災害のリスクは高まっていくのである。

1・8　近年の都市開発と増災

１９６０年代以降の急速な経済成長による人口の大都市集中を背景に、大都市周辺部の急激な乱開発の進行により、自然環境や居住環境の悪化や、住宅地として必要な道路・公園や義務教育施設などの公共施設の整備が追い付かない

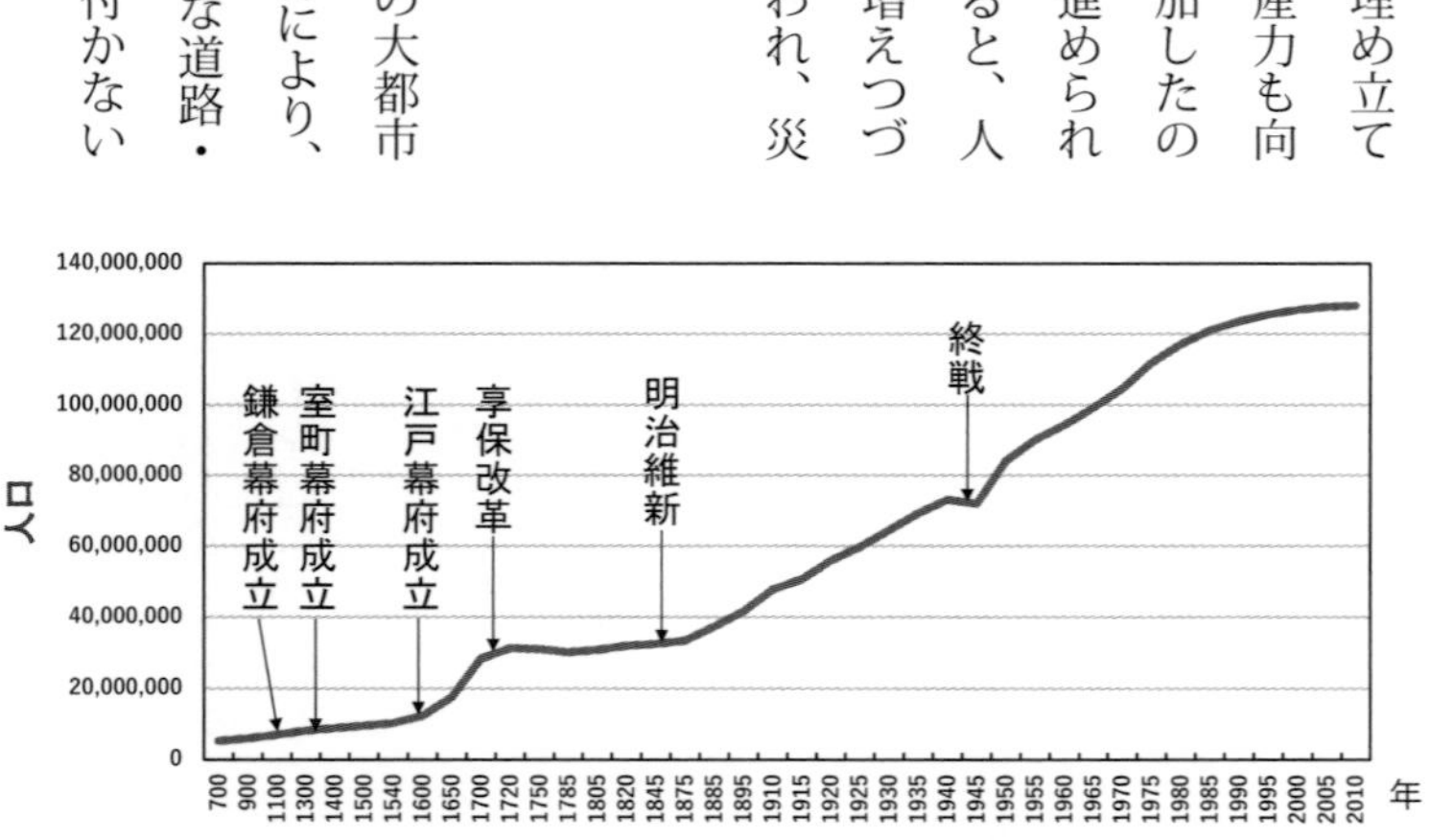

図－ 1.3　700 年～ 2015 年までの我が国の人口の推移

などの問題が深刻化した。我が国では都市計画法により開発が可能な市街化区域と開発に制限のある市街化調整区域が指定され、まちづくりが進められてきた。しかし、人口が増え、開発が進むにつれて、開発できる土地がなくなり、開発が行われていなかった居住地として不向きの危険な土地まで開発が進み、多くの人が居住している。また2000年の都市計画法改正により、開発許可条例の適用という市街化調整区域の要件緩和が行われ、抜け道ができて開発が可能となった。国は住宅ローン減税などにより新築住宅の建設を促進しようとしてきた。マイホーム信仰もあり、人口減少局面の今日でも総住宅数は一貫して増加しており、斜面に盛土された危険な造成地や浸水危険区域がその受け皿になったと考えられる。

秦(2020)は、1995年から2015年の人口統計データと浸水想定区域図を用いて、全国の浸水想定区域内と区域外の人口について分析している。その結果、浸水想定区域内人口は1995年から2015年にかけて一貫して増加し、2015年は1995年の1・044倍であることがわかった。一方、浸水想定区域外人口は、2005年に1995年の1・014倍となったのをピークにその後は減少傾向に転じた。総人口は2008年をピークに減少局面に入っていることから、区域外で人口減少が進んでいると解釈できる。世帯数は、浸水想定区域内外ともに1995年から2015年にかけて一貫して増加しており、増加率は浸水区域内の方がより高かった。2015年を見ると、浸水想定区域外世帯数が1995年の1.189倍に対して、浸水想定区域内世帯数は1995年の1.249倍であった。世帯数の増減は住宅戸数の増減が直接影響することから、1995年以降、区域外よりも区域内においてより積極的に宅地開発が行われてきたことが示唆される。

国土交通省ではハザードマップ内の浸水の恐れのある地域で度々、大きな被害が起きていることを教訓にして、土地利用対策として2014年に都市再生特別措置法を改正し、立地適正化計画により市町村が浸水リスクの高い区域を「災害レッドゾーン」に指定し、この地域から住みやすく安全な居住誘導区域に居住誘導する制度を導入した。法律で定められている災害危険区域や地すべり防止区域、土砂災害特別警戒区域、浸水被害防止区域、急傾斜地崩壊危険区域が災害レッドゾーンである。2022年には、災害の危険性が特に高い災害レッドゾーンでの開発について、従来は規制の対象外であった自己業務用施設も、改正によって規制対象となった。災害レッドゾーンでは原則、店舗、オフィス、病院、社会福祉施設、旅館、工場などの開発もできない。都市計画法に限らず、法改正は問題が顕在化してから後追いで行われる。10年後あるいは15年後の市町村の都市計画に関する基本方針をその市町村が定める都市計画マスタープランについては、市民や自治体の認識や理解が不足しており、また大枠のゾーンが示されるのみで、建築行為等を規制・誘導する実効性が乏しいのが実情である。

1・9　100年間で遷都4回—藤原京から平安京まで—

遣唐使は日本が唐へ派遣した使節であり、630年に始まり、894年まで続いた。遣唐使の目的は、唐の先進的な技術や政治制度や文化、ならびに仏教の経典等の収集であった。都市計画においても、朝廷は唐を模倣して条坊制《じょうぼうせい》に従った都市を建設し、国の威厳を国内外に示すこととなった。条坊制とは中国・朝鮮半島・日本の宮城都市に見られ、南北中央に朱雀大路を配し、南北の大路（坊）と東西の大路（条）を、碁盤の目状に組み合わせた左右対称で方形の都市計画である。694年の藤原京（新益京《あらましのみやこ》）から始まり、平城京、長岡京、そして794年の平安京と、100年間に4度の遷都が行われた。遷都のたびに、内裏や大極殿、官舎、寺院や邸宅が建設された。また、東大寺、興福寺、元興寺、大安寺、西大寺、薬師寺、法隆寺などの神社仏閣の造営が行われたため、大量の木材が必要とされた。その結果、奈良盆地ならびにその周辺の山から大木がなくなってしまった。さらに、京都、滋賀でも大量の伐採が行われ、木津川経由で大木が運搬され、湖南アルプスは禿山となった。滋賀県の田上山《たなかみやま》もこの時期に既に禿山となり、以後も山の荒廃が進んだ。湖南地方の河川はほぼすべて天井川となり、河川氾濫が頻発することとなった。前述したデ・レーケによる砂防工事は、1100年以上前に行った京奈地区の首都づくりによる禿山の修復工事であったのだ。

1・10　大阪城築城と増災―六甲山は禿山―

平安時代には、神戸市兵庫区に遷都された福原京の造営のために必要な木材が六甲山から搬出された。それ以降も平氏が神戸に拠点を置いたため、一ノ谷合戦に代表される源平合戦が六甲山周辺で頻発して、六甲山の中腹や奥山まで森林が荒廃するようになった。戦国時代には摩耶山城《まやさんじょう》、多々部城《たたべじょう》などの山城が築かれ、戦いや復興のたびに樹木の伐採や石材採取などが行われた。

そして、天下を統一した豊臣秀吉により、大阪城築城に当たって神戸の六甲山から大量の花崗岩を切り出された。現在でも石切の跡や搬出途中で放棄された巨大な石材が東六甲で確認することができるようだ。また、豊臣秀吉は、「武庫山の樹木伐採勝手足るべし」と布令を出し、地元住民に対して樹木の伐採を自由に行うことを許可した。その結果、住民が樹木伐採のみならず、下草や落枝、落葉まで持ち去って燃料や堆肥として利用することとなり、六甲山は禿山となってしまった。

その後も「御影石」というブランド石材として、江戸時代にも花崗岩が切り出された。江戸時代になると、土砂災害、洪水が多発し、1788年には降雨のたびに住吉川から大量の土砂が流出し、大きな土石流災害を発生させた。植物学の牧野富太郎博士は、1881年に六甲山の禿山を見て、「はじめは雪が積もっているのかと思った。土佐ノ山には禿山など一つもないからであった。」と記述したそうだ。

豊臣秀吉にとっては、築城のために神戸の御影石は不可欠であり、地元住民にとっては豊臣秀吉による布令は有難く、多くの住民は豊臣秀吉に感謝し、豊臣秀吉を支持したにちがいない。六甲山からの大量の御影石の切り出し、豊臣秀吉の布令による住民の樹

武庫山の樹木伐採
勝手足るべし!!
豊臣秀吉

木伐採や落枝・落葉の採取は、以後400年にわたり土砂災害を誘発し、神戸の住民を苦しめた。したがって、まさに増災というにふさわしい。

1・11　製塩業と窯業の発展と増災

信楽焼《しがらきやき》で有名な湖南地方や瀬戸焼、美濃焼で有名な東海地方の瀬戸市や多治見市周辺では、陶器を焼く燃料として樹木伐採が盛んに行われた。その結果、江戸時代からこれらの山は裸地化した山地が広がることとなった。塩田による製塩のためにも大量の薪が必要とされ、樹木伐採が行われた、瀬戸内海沿岸では禿山が目立つようになった。

例えば、愛知県瀬戸市一帯は、かつては広大な禿山地帯であった。人口増加による薪や枝葉、下草の採取に加えて、窯業《ようぎょう》による陶土採掘や薪材伐採等、森林の利用が度重なって、森林土壌が衰退した。尾張丘陵地の地質は新第三紀鮮新世の堆積物で、硬く固結していない地質であるため、侵食を受けやすく、降雨のたびに山が削られていた。愛知県では、明治30年に森林法と砂防法が公布されたことを受け、明治33年に国の補助を得て、現在の瀬戸市で初めての大規模な禿山復旧事業が開始された。この第1期禿山復旧工事は、積苗木（草木の根を植え付ける）、連束藁工（束ねた藁を杭に縛りつけて固定する）、筋芝工（芝が法面に一定の間隔で水平な筋を形成するように切り芝を埋める）、谷止工（渓流の上流部に築堤し、下流の渓流の土砂移動を抑止する）、土堰堤工（谷筋に築堤して雨水による土砂流出を防止する）等による約39ha（ヘクタール、10,000㎡）の復旧工事で、少しでも早く森林を回復させることに重点を置いて進められたとされている。ニュータウンが隣接して建設されたことから、現在の萩御殿周辺は、市民にとっては憩いの場や避難場所となっている。また、市街地に残る貴重な森林であるため、地域住民の生活環境の保全や土砂災害の防止等にも役立っている。

このように禿山をつくってしまうような行き過ぎた森林利用は、増災と言える。樹木伐採には製塩業と窯業の発展というメリットがあったが、行き過ぎた森林伐採は、そのデメリットとして森林の自主的な再生を妨げ、数十年後には土砂災害を誘発するのである。まさに開発とトレードオフの関係にある土砂災害を引き起こす開発行為であり、増災と言える。

第2章　熱海伊豆山地区の土石流災害から学ぶ

2・1　土石流災害発生とその要因

静岡県熱海市伊豆山地区では2021年7月3日10時30分頃に、梅雨前線の停滞による長雨に伴い、逢初《あいぞめ》川の源頭部の標高約390m地点で発生した盛土崩壊が土石流化し、下流の住宅地を襲った。写真―2・1は源頭部付近における崩壊箇所である。この土石流によって、全壊もしくは半壊の建物128棟、死者27人（災害関連死を除く）の甚大な被害が発生した（写真―2・2）。土石流は全長約2kmの谷あいを急峻な地形に沿って一気に逢初川に流れ下り、延長約1km、最大幅約120mにわたって住宅街をのみ込み、相模湾まで到達した。図―2・1は当該地点の土砂災害警戒区域（土石流危険渓流）と源頭部ならびに谷筋を流れる逢初川に沿った流出土砂の流れを書き加えたものである。この図からわかるように、土砂災害警戒区域は谷の出口から指定されており、住宅地は警戒区域に指定されているものの、谷口より上流は無指定である。建築基準法で定義する居室のある建築物の構造規制と警

写真－2.1　盛土の崩壊開始地点

写真－2. 2　土石流の被害

戒避難を対象としているため、土砂災害防止法では居住地の上流に対しては何ら規制をかけていなかったのである。

土石流の発生したのは、安山岩の急峻な谷筋を埋めた盛土である。斜面ならびに源頭部の樹林から判断すると、谷筋はもともと広葉樹で覆われていた。また、斜面は表層の1～2m程度が風化土、その下が風化した安山岩層で、雨水は表層で一旦保水され、さらに風化した安山岩まで到達すると斜面を流下して谷筋に集まり、ある程度の高度からは逢初川となって表面を流下していたのである。この谷は雨水浸透による地下水が集まる地形をしているが、地中の排水設備が不十分なまま盛土で埋められてしまい、さらに地表面の排水

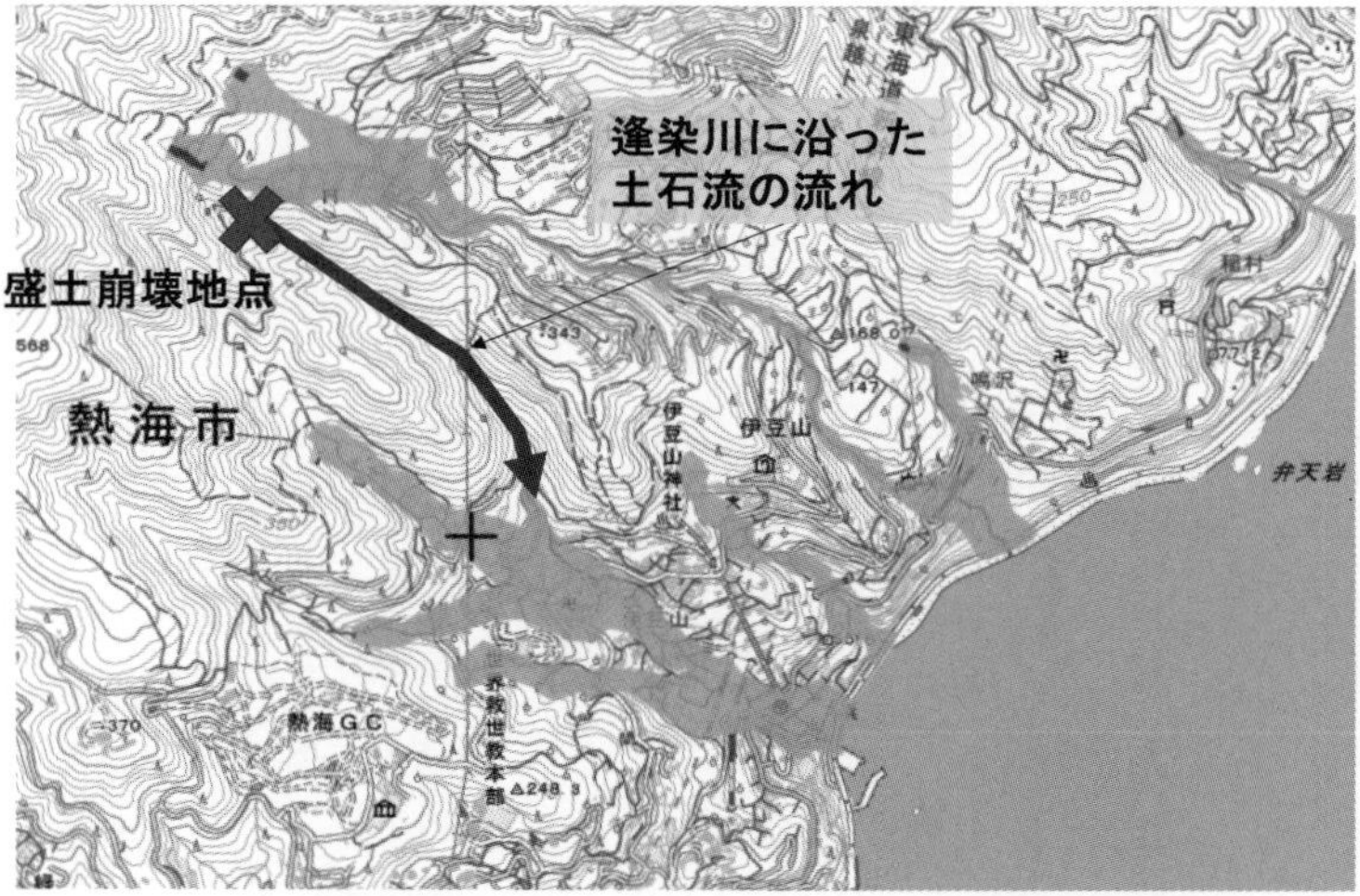

図－ 2.1　土砂災害警戒区域と逢初川上流流れ（陸地の灰色の領域は土砂災害警戒区域）

路も排水能力不足のため、長雨による雨水が谷を埋めた盛土に留まり、盛土の地下水位を上昇させたものと思われる。

一般に、盛土の地下水位が上昇すればするほど、岩盤の上の土塊の重量が増すので、斜面上の土塊を下方に移動させる下向きの力が大きくなる。一方、下向きの力に抵抗する上向きの力は摩擦力であり、斜面に対する上載圧×摩擦係数で表される。ここで、上載圧は土塊の重量から浮力（地下水位分の水の重量）を差し引いたものであるから、地下水位の上昇とともに摩擦力は小さくなるのである。したがって、地下水位が高くなるほど下向きの力が大きくなり、上向きの力が小さくなるので、斜面上の土塊は次第に不安定となって、最終的に滑動が発生する。谷埋め盛土の中で土塊の滑動が発生し、複数の滑動が連鎖的に起こり、多くの水分を含んだ盛土は土石流となって一気に流下した。崩落した盛土のさらに上部の、宅地造成工事によって、分水嶺をまたいだ雨水の流れ、すなわち松尾川に流れるべき雨水が逢染川の流域へと流れ込んだこと（清水ら、2023）、ならびに盛土の西南の尾根がメガソーラー設置のために開発されたりしたことも、多くの雨水を谷に集めた要因かも知れない。

気象庁熱海（網代）観測所では、累積雨量400㎜超を観測し、気象庁と静岡県は7

月２日12時30分に土砂災害警戒情報を発表していた。土砂災害警戒情報の発表は、市町村に避難指示の発令を促す警戒レベル４相当の気象予報であるが、時間雨量10～20㎜の雨が断続的に降る状況であったため、熱海市は警戒レベル４・避難指示の発令を躊躇していたところ、土石流が発生してしまった。令和３年８月に長野県岡谷市川岸地区で発生した土石流災害でも、同様な長雨が続いており、土砂災害警戒情報が発表されていたにもかかわらず、岡谷市は避難指示を発令していなかった。熱海市は、土石流災害を教訓として、空振りを覚悟で避難指示を発令すること、職員の研修、気象台との連携、そして町内会や自主防災会等との連携を深めて地域防災力向上に努めることを宣言している。しかし、よく考えてみれば、これらはすべて熱海市にもともと義務づけられている業務なのである。

2・2　静岡県と熱海市の対応から表面化した大きな課題

土砂埋立て等の規制に関する条例は、残土条例や土砂条例ともいわれ、また令和３年の熱海市土砂災害発生以降は盛土条例ともいわれている。建設工事で発生した土砂が、他の地域に搬出され、山間部の谷地の埋立てや盛土、宅地や農地の造成や嵩《かさ》上げ等に使われ、また、単に投棄されて放置されることになり、その結果、土砂の流出や崩壊、自然生態系への影響、土壌汚染や地下水汚染などの問題を引き起こすことがある。こうした建設発生土（残土）は、通常は、「廃棄物の処理及び清掃に関する法律」の対象となる廃棄物ではないとされ、また、汚染されていないものは「土壌汚染対策法」の対象外であり、さらに、砂防法、森林法、宅地造成等規制法等によって災害の防止等の観点から一定の規制がなされているものの、適用範囲や条件は限定されている。このように現行法では建設発生土等の土砂の埋立て、盛土等に伴う問題に十分対応することができないため、土砂埋立て等の規制に関する条例を制定している自治体が少なくない。静岡県は土石流災害の発生した令和3年に、土採取等条例に基づいて、盛土の規制を行っていた。

谷埋め盛土に関する熱海市ならびに静岡県の対応を確認してみた。熱海市（2022）によれば、市は2007年3月、事業者が市に提出した静岡県の土採取等条例に基づく当初届出書に、記載が必要な3項目に未記載部分があることを認識しつつ、同年4月に当初届出書を受け付けてしまったと報告している。その後、林地開発許可が必要な1haを超える開発行為が確認された。上流における樹木の伐採については、森林法により1

ha以上なら都道府県へ林地開発許可を、１ha未満なら市町村へ事前に伐採及び伐採後の造林の計画の届出を行うことが義務づけられている（令和5年現在では0・5ha以上）。また、伐採後の造林が完了したときは、事後に伐採および伐採後の造林に係る森林の状況の報告を行うことが義務づけられている。

静岡県（難波，２０２２）の報告によれば、県と市が事業者に事情聴取し、事業者が県、市へ盛土計画を説明し、土石流が流れないようにしっかり施工すると説明したので、県が林地開発許可違反の是正が完了したと判断し、その後、県と市による事業者への指導が行われたとのことである。これは事実上の土採取等条例第５条の計画変更の勧告に相当するのだろうか。その後、杜撰な工事が確認され、事業者は市に変更届出書（第３回）を提出して、防災工事の工法をロックフィルから土堰堤に変更した。その際、市は防災工事の図面が添付されていないことを認識しつつ、当該届出書を受け付けてしまったとのことである。その後は、行うべき工事完了報告もなく、当初の盛土量を超える盛土が繰り返され、土砂の崩落が発生し、産業廃棄物まで見つかり、市の指導に事業者が応じず、そのあげく土地が転売されてしまい、そして土石流発生を迎えることになった。知事は、土採取等条例にしたがって、土砂の崩壊、流出等による災害を防止するための必要な措置をとるべきことを命ずること（第6条措置命令）ができる。また、盛土の停止を命ずることもできる（第7条停止命令）。しかし、知事はこれら命令を実施することはなく、担当職員による事業者に対する口頭指導にとどめた。

静岡県の報告によれば、事業者が工事を中止しないだろうと判断（想像）していたようである。静岡県は、土石流の発生、逢初川の流下能力不足についても懸念を示しており、また将来は盛土が宅地化される予定であることも事業者から確認している。林地開発許可については、事業者が県にＦＡＸで送った求積図の面積1・2haに対して、開発行為が1ha未満と判断したことについて、同報告では「受け身の対応として、1ha未満という整理になったもの」と記述しているが、筆者にはその意味が理解できない。なお、事業者（複数）は土地改変面積が1haを超えると林地開発許可が必要なことを理解しており、熱海市は事業者から面積０・９９６haの土採取等変更届を受理していることが公文書から確認できる、と説明している。林地開発許可制度上は、開発面積が1ha未満か以上かは重要である。しかし、もっと重要なことは、この開発行為によって起こりうる土砂災害について、静岡県や熱海市が認識していたことではないだろうか。つまり、すべきは開発行為そのものを許可しないことであったはずである。

当該地域は宅地造成等規制法の宅地造成工事危険区域に指定されている。宅地造成工事危険区域の大規模盛土造成地では滑動崩壊防止対策工の実施が義務づけられる。図—2・2は対策工の配置イメージ図である。地表の水を流す水路工、地下水を排出する暗渠工、地中の地下水を排出し、土中の間隙水圧を低減させる横ボーリング工、透水性の高い砕石などを敷き詰めたグラベルドレーン工などによって、地下水位が上昇するのを制御するのが一つ目の対策である。また、鋼管や鋼矢板《こうやいた》の壁をつくって盛土の移動を抑止したり、斜面に鉄筋やアンカーを打設したりして、斜面の土や擁壁を補強して移動を抑止するのがもう一つの対策である。事業者が将来は盛土を宅地化する意思を示しており、そうでなくとも盛土の構造から、同じ事業者が周辺で宅地開発を行っているわけだから、宅地化されることはほぼ明らかである。したがって、この段階で規制をかける必要があっ

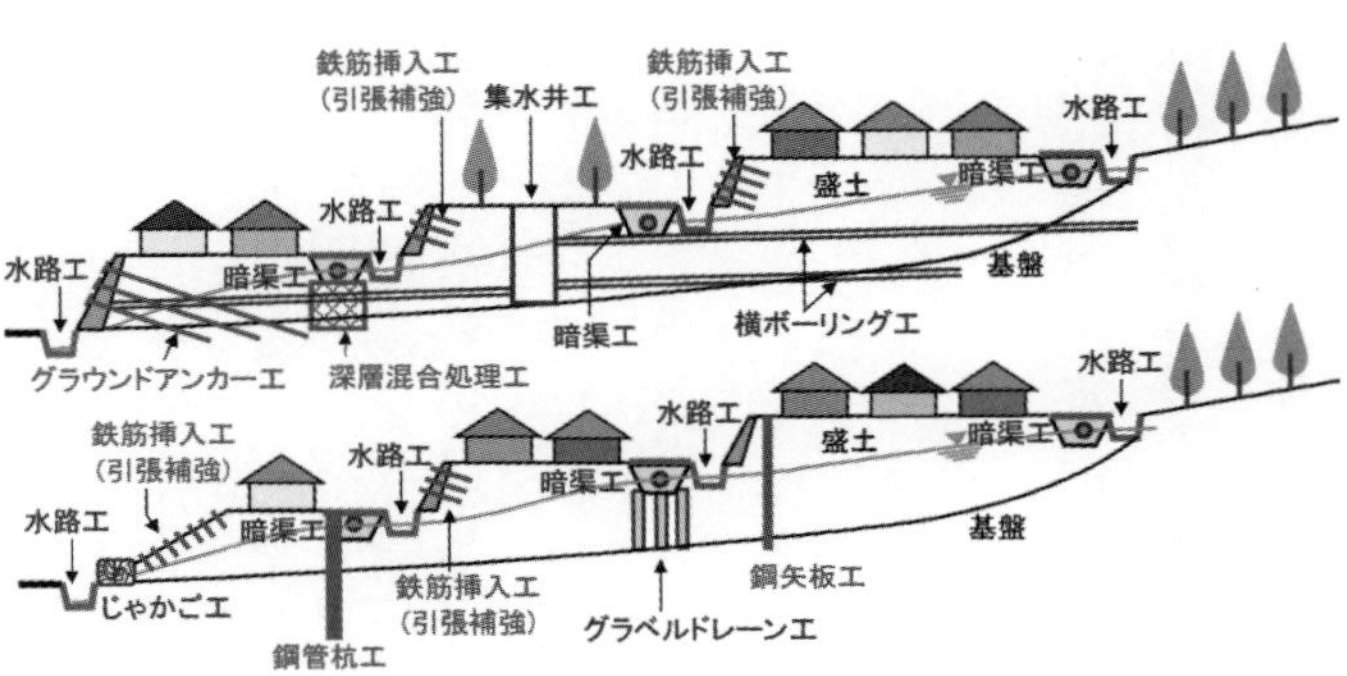

図— 2.2　　滑動崩壊防止工の配置イメージ

たのではないだろうか。崩壊箇所を調査したが、そのような地下水制御や盛土補強の対策を確認することはできなかった。

その後に公布された静岡県盛土等の規制に関する条例（2022年3月公布）では、土砂基準に適合しない土砂等を用いた盛土等が行われたことを確認したときは、当該盛土等を行った者に対し、当該盛土等に用いられた土砂等を撤去し、又は当該盛土等による土壌の汚染を除去するために必要な措置を講ずべきことを命ずることができる、と規定している。また、当該盛土等区域の周辺地域の住民に、土砂基準に適合しない土砂等を用いた盛土等が行われたことその他の必要な情報を提供することができる、と規定している。

2・3　盛土規制法で課題が解決されるのか

静岡県熱海市における土石流発生を踏まえ、政府は法制化を進め、国会での審議の結果、「宅地造成等規制法の一部を改正する法律（宅地造成及び特定盛土等規制法）」が令和4年5月27日に公布された。同法は、盛土等による災害から国民の生命・身体を守る観点から、盛土等を行う土地の用途やその目的にかかわらず、危険な盛土等を全国一律の基準で包括的に規制しようとするものであり、通称、「盛土規制法」と呼ばれる。公布の日から1年を超えない範囲内（令和5年5月まで）で、政令で定める日から施行される予定である。施行後は、５年以内に全国で規制区域指定が完了することを目指している。

同法は、①都道府県知事等が、宅地、農地、森林等の土地の用途にかかわらず、盛土等により人家等に被害を及ぼしうる区域を規制区域として指定し、農地・森林の造成や土石の一時的な堆積も含め、規制区域内で行う盛土等を許可の対象とすること、②盛土等を行うエリアの地形・地質等に応じて、災害防止のために必要な許可基準を設定し、許可基準に沿って安全対策が行われているかどうかを確認するため、施工状況の定期報告、施工中の中間検査及び工事完了時の完了検査を実施すること、③盛土等が行われた土地について、土地所有者等が安全な状態に維持する責務を有することを明確化し、災害防止のため必要なときは、土地所有者等だけでなく、原因行為者に対しても、是正措置等を命令できること、④罰則が抑止力として十分機能するよう、無許可行為や命令違反等に対する罰則について、条例による罰則の上限より高い水準（最大で懲役3年以下・罰金1千万円以下・法人重科3億円以下）に強化すること等を内容としている。

2・4　問題が山積みの盛土規制法

ここで問題を提起したい。規制すべき区域で既に行われてしまった土地の改変、盛土については、どのように取り扱うのであろうか。住宅地に対して恐怖を与えているメガソーラー施設や後述する土砂災害特別警戒区域を造成して設置されたグランピング等、そもそも規制すべきであった斜面の開発に対しても、宅地造成等工事規制区域あるいは特定盛土等規制区域の指定を新たに行い、土地所有者等が安全な状態に維持する責務を課し、土地所有者等だけでなく、原因行為者に対しても、是正措置等を命令し、実施させることができるのであろうか。あるいは、山の尾根を特定盛土等規制区域に指定し、尾根を大規模に改変して開発される風力発電施設を制限することはできるのであろうか。既に人為的な土地改変が行われ、あるいは行われる計画により、爆弾を抱える多くの危険な地域が存在するのである。

もう一点、規制区域として指定された土地に対して、カーボンニュートラルの実現に向けた再生可能エネルギーの開発を目的として、規制の緩和、あるいは指定の取り消しが行われることはないのであろうか。再生可能エネルギーの開発においては、公共目的のためとして砂防指定地や保安林の指定解除が行われている現状がある。この場合、再生可能エネルギーの開発のメリットが指定解除のデメリットを上回るという判断が行われたことになる。しかし、保安林の指定解除は、①受益の対象が消滅した保安林、②自然現象等により破壊され、かつ、森林に復旧することが著しく困難な保安林、③森林施業を制限しなくても受益の対象を害するおそれがない保安林、のいずれかにより、指定の理由が消滅していると認められる場合にのみ適用されることが明記されている。しかし、②を除けば、理由を以て一旦指定された保安林が、受益の目的が消滅するなど考えられないのである。林野庁は、保安林の指定解除事務等マニュアル（風力編）を策定しているが、この中には解除の判断基準は記載されていないのである。判断基準がないのに保安林の指定解除が行われるということは、上記①~③に関係なく、水源の涵養、土砂の崩壊その他の災害の防備、生活環境の保全・形成等の公益目的を無視する行為を認めることになるのだ。

前述した通り、砂防法、森林法、宅地造成等規制法では災害の防止等の観点から一定の規制がなされているが、適用範囲や条件は限定されている。それではこの問題が、宅地造成等規制法の一部を改正する法律（宅地造成及び特定盛土等規制法）によって解消されるのであろうか。例えば、規制区域の指定（ゾーニング）は都道府県によって行われるが、新たに宅地造成が危険区域の下流で行われた場合、新たに規制区域の指定を追加するのであろうか。また、ゾーニングによる崩壊土砂の影響範囲をどのように考えるのであろうか。

盛土の流出土砂が直撃する下流には宅地は存在しないが、そこに規模の小さい河川が存在したらどうであろうか。流出土砂によって天然ダムが形成されると、ダム決壊によって土石流がさらに下流の住宅地を襲うような事態を想定できるであろうか。熱海市伊豆山地区の土石流は、宅地より1・2㎞上流の谷埋め盛土中に大量の雨水が流入し、土石流化したのであった。土地改変によって形成された保水能力を失った斜面の土砂が谷を埋めた場合、その土砂は盛土と同様に土石流化する。その土砂量が多ければ多いほど、土石流は遠くまで到達するのである。

さらには、将来、造成された谷の下流に、新たに宅地が造成されることを想像できるのであろうか。あるいは、その宅地造成を事前に止めることができるであろうか。やはり、国として明確な許可基準を示すべきであろう。なぜならば、各都道府県が定める許可基準にばらつきが出ると、事業者はより規制の緩い都道府県へと開発の矛先を変えるからである。

第３章　現代の増災

3・1　行き過ぎた再エネ開発と増災

菅元内閣総理大臣は2021年に2050年にカーボンニュートラルを達成するとの野心的な目標を掲げた。この目標達成に向けて、再生可能エネルギーの開発が急ピッチで進められている。ところが、とくに森林の斜面に建設された、あるいは建設中の太陽光発電施設において、小規模から大規模まで様々な土砂災害の発生が顕在化するようになり、行き過ぎた再生可能エネルギー発電施設の開発に対して、中止を求める住民運動が全国で活発に行われるようになった。筆者は2015年頃に着工中の太陽光発電施設の土砂災害発生リスクについて、地方自治体の議員から相談を受けたのがきっかけで、再生可能エネルギーに防災の専門家として中立の立場で関わるようになった。そのうちメガソーラー発電施設で発生した土砂災害や、開発計画に反対する住民活動について、山梨県に留まらず全国各地のメディアからコメントを求められるようになり、そのたびに防災面が軽視されている再生可能エネルギー発電施設について、技術と法制度の両面で多くの事を学んだ。

2021年に受けた熊本日日新聞の取材の中で、太陽光発電施設の開発に伴って発生する規模も数も拡大する土砂災害の脅威は、「令和の公害」と呼ぶにふさわしいということで記者と意見が一致した。その結果、同新聞の一面には「令和の公害」という見出しで記事が掲載された。茅野（２０２２）は、「メガソーラーは過去の日本列島改造やリゾート法などによって生じた土地開発ブームと同じ構造的特質を持つ、エネルギー転換を契機に２０１０年代に登場した新たな土地開発手段と捉えることができる。」と指摘している。このように例えられるくらい、全国に広がるメガソーラーの斜面は、１９７０年代のゴルフ場やリゾート開発等の行き過ぎた土地乱開発を彷彿とさせる。無秩序な開発に歯止めをかけるべく、１９７４年に国土庁が創設され、国土利用開発法が制定されたのである。

再生可能エネルギー開発は、化石燃料に代わって二酸化炭素を放出しないクリーンなエネルギーとしての正の効果によって、地球温暖化防止の切り札と見做されてきた。しかし、大規模な再生可能エネルギーの開発は、土砂災害に留まることなく我が国の国土を改変し、森林を荒廃させ、生態系を破壊し、山から海岸に至るまでの地形を不可逆的に改変して、生物多様性、地域の生活、産業に悪い影響を与える負の効果をもたらすことが顕在化してきた。このように、行き過ぎた再生可能エネルギー開発は、正と負の効果のトレードオフについて正しく評価することが必要であり、まさに「令和の増災」と言えるのではないだろうか。

3・2　再生可能エネルギー開発とFIT制度

再生可能エネルギーは、「エネルギー供給事業者による非化石エネルギー源の利用および化石エネルギー原料の有効な利用の促進に関する法律」および「同施行令」において、非化石エネルギー源のうち、エネルギー源として永続的に利用できると認められるものと定義されている。具体的な種類は、①太陽光、②風力、③水力、④地熱、⑤太陽熱、⑥大気中の熱、その他の自然界に存在する熱、⑦バイオマス（動植物に由来する有機物）の7種類である。また、利用の形態は、電気、熱、燃料製品とされている。簡単に言えば、再生可能エネルギーは、「エネルギー資源が枯渇しないこと」と「温室効果ガスを排出しないこと」の2つの条件を満たすエネルギーである。したがって、資源が枯渇して再生できないものは、原子力発電などのように二酸化炭素を排出することのないクリーンなエネルギーでも、再生可能エネルギーとは呼ばない。

再生可能エネルギーによる発電を推進するために、我が国は環境先進国のドイツを参考にして、ＦＩＴ制度を採用した。ＦＩＴとはFeed-in Tariffの略で、再生可能エネルギーの固定価格買取制度のことである。化石燃料によって発電される電気よりも高い買取価格を一定期間約束することにより、再生可能エネルギー開発事業者の参入を促し、化石燃料から再生可能エネルギーへのエネルギーシフトを進め、その結果、二酸化炭素排出量を削減することを目標としている。ドイツでは２００９年から再生エネルギー法の改正によって、固定価格買取制度が開始された。野立ての場合、２００９年当初は０・０３２ユーロ／kWhであった固定買取価格は、２０１０年１０月には０・０２４、２０１２年には０・０１８ユーロ／kWhと、太陽光発電施設の増加とともに下げられた。ドイツでは２０１４年にはＦＩＴは廃止され、ＦＩＰ（Feed-in Premium）に切り替えられた。ＦＩＰでは固定買取価格は設定されず、市場価格に補助額（プレミアム）が加わり、市場価格より高い買取価格で売電できる。一方、スペインでは１９９７年電気事業法に基づいてバイオマス、バイオガス、太陽熱発電については８％の収益率が確保できるように、風力、太陽光発電では７％の収益率が確保できるように買取価格を設定している。また、イギリスでは、２０１０年４月に固定価格買取制度が施行され、５〜８％の収益率が設定されている。

図―３・１に我が国における太陽光発電による電気の固定買取価格の推移を示す。太陽光発電の場合、家庭で発電されるような10kW未満の施設では、２００９年度はkWh当たり48円と通常の売電価格の3～4倍というとてつもなく高い価格設定であったが、２０１５年は35円、２０２０年は21円と低下し、２０２２年度は17円となっている。一方、10kW以上の商用発電施設では、２００９年度に24円、２０１２年度に最高値の40円となり、その後低下して２０１５年度に29円、２０２０年に13円、そして２０２２年度には10円となっている。また、規模の大きなメガソーラーの場合は、入札制度が採用されている。

　風力発電ではさらに高い買取価格が設定されており、ＦＩＴの申請が認められると、10年（家庭用の太陽光発電）あるいは20年間、買取価格が固定されることになる。つまり、再生可能エネルギーを推進するために高い買取価格が設定された２０１０年代の初めにＦＩＴ申請を行った場合、優遇された高い買取価格が

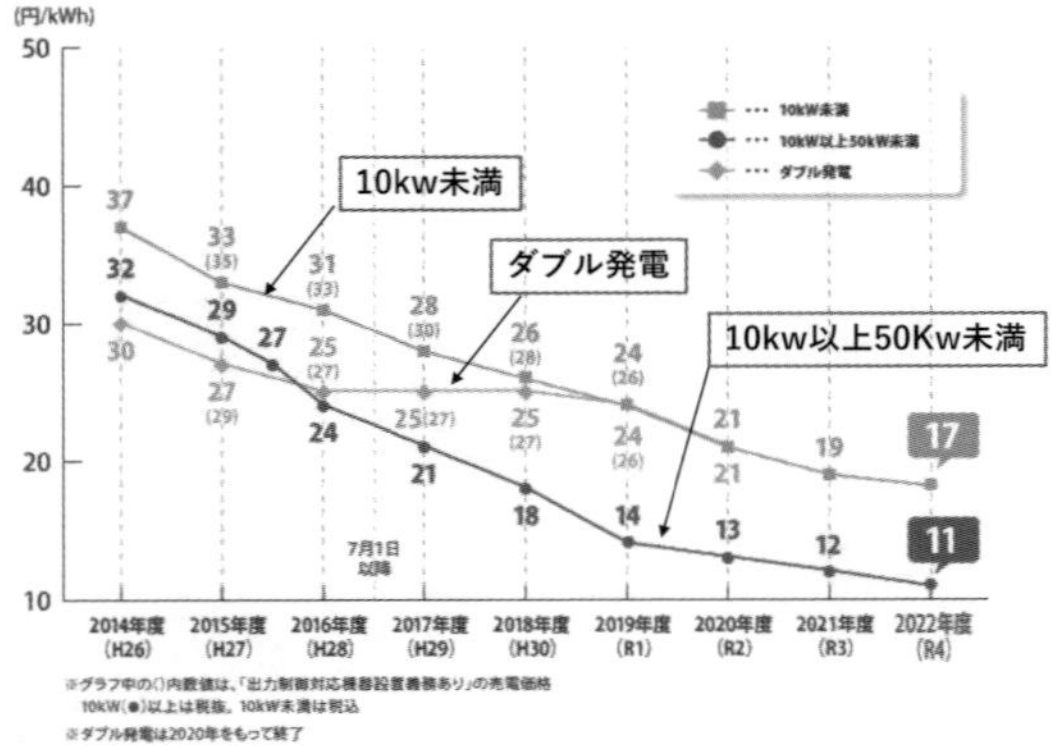

図－3.1　太陽光発電による固定買取価格の推移

長期間にわたって約束されるわけである。経済産業省によれば、例えば太陽光発電の運転経費は、燃料費が不要であるので、３円／kWh程度と低い。したがって、ＦＩＴの許可を２０１０年から２０１５年に取得していれば、その差額は驚くほど大きく、荒稼ぎが可能である。そもそも太陽光発電施設のためのソーラーパネルは、供給量が増すにつれ大量生産によって安価になり、10年前の１／10以下になっている。したがって、ＦＩＴの承認を受けた事業者は、設置工事を遅らせ、少しでも設備投資額を低く抑え、利益を増やそうとした。そこで資源エネルギー庁は、申請時に２０２２年３月31日以前に運転開始期限を迎える２０１９年３月以前に認定を受けた太陽光発電事業に対して、２０２３年３月31日までに系統連系工事着工申込書が受領されない場合、２０２３年３月31日にＦＩＴ認定が失効するなどの措置をとった。

このようなＦＩＴ制度による再生可能エネルギー発電促進のための費用は、利用者である国民が負担している。経済産業省は毎年５月に翌年４月までの、「再生可能エネルギー発電促進賦課金」の単価を決定している。令和４年５月からの単価は、３・４５円／kWhである。電力会社はこの賦課金を、各利用者の電力消費量に従って、電力料金に上乗せして、政府に代わって徴収している。１世帯当たりの賦課金は、１か月あたり１、

000円～1、500円、年間にすると12、000円～18、000円にもなり、燃料費の高騰による電力料金の増額と相まって、企業や国民にとって大きな負担となっている。再生可能エネルギーが増えれば増えるほど、賦課金（再生可能エネルギー発電促進賦課金）が増大することを、国民はもっと知るべきであろう。日本政府の目標とするカーボンニュートラルを実現したときの賦課金による電気料金を明らかにした上で、トレードオフを考慮した政策へと転換すべき時が来ているのではないだろうか。

3・3　令和の公害―太陽光発電施設における土砂災害―

再生可能エネルギーの中でも太陽光発電施設は、建設に広い面積は要するが、施設設置が比較的容易であるため、ＦＩＴ制度の導入とともに急激に増加した。当初は、「自然エネルギー＝地球環境に良いこと」との認識から、都道府県は積極的に林地開発を許可して太陽光発電施設設置を推進し、住民も太陽光パネル設置による影響がわからないまま、良いことを好意的に受け入れたものと思われる。国も自治体も住民も、良いことに対して反対する理由が見つからなかったのである。旧耕作農地や維持管理が難しくなった山林を保有する住民にとっては、厄介な土地を有効活用できたり、売却によって現金収入が得られたり、自治体にとっては良いことを推進して固定資産税、所得税という税収入が得られるなど、開発に反対する理由が見つからなかった。防災の専門家である筆者も、斜面で皆伐が行われ、急傾斜な斜面に太陽光パネルが敷き詰められるのを目の当たりにするまでは、気にも留めていなかったのである。

ところが、建設工事が始まると様相が一変した。周りをソーラーパネルで囲まれ、閑静な避暑地に移住した住民が、反射光と輻射熱《ふくしゃねつ》に悩まされるようになった。また、普段見ていた緑の斜面が禿山となり、そこに黒いソーラーパネルが張りめぐらされ、景観の悪化とともに雨が降ると河川は泥水で茶色く濁り、山から自宅に濁流が流れてくるようになった。さらに、その斜面の一部が崩壊するのを見て、住民は不安を感じるようになり、引っ越す世帯も現れるようになった。各地で住民と事業者との間でトラブルが発生するようになり、市民が立ち上がって反対運動を始めるようになって、自治体に対して既存のメガソーラー施設の安全性の改善や新規計画の中止を求めるようになった。

平成30年7月豪雨（西日本豪雨）では、兵庫県姫路市の太陽光発電施設で、斜面の崩壊が発生した（写真―3・1）。尾根を切り、その切土で斜面を埋める土地造成が行われたと思われ、切り盛りの境界で盛土部分が滑落している。切り盛り境界では、豪雨時ならびに地震時に崩壊が発生するため、宅地造成では崩壊抑止、抑制対策が求められる。しかし、森林法に基づいた林地開発の規制は宅地造成に比べて緩いため、本来行うべき斜面の崩壊抑止対策や、排水などの崩壊抑制対策が不足しているのである。崩壊斜面のすぐ近くに住宅があったが、この崩壊が住宅にまで及ばなかったことが、不幸中の幸いであった。

太陽光発電施設のための造成工事中にも土砂災害が頻発するようになった。筆者がメディアの取材という形で関わった代表的な2つの案件を紹介する。写真—3・2は2021年8月に熊本県南関町において、メガソーラー発電施設の土地造成工事中に発生した土砂災害である。熊本日日新聞の記者が筆者に約20枚の写真を送り、コメントを求めてきた。しかし、最初は何が起こっているのかよく理解できなかった。写真は、シラス台地の山で土地造成中に、豪雨によって谷埋め盛土が流出し、夏になると蛍が飛び交うような美しい川に土砂が大量に流れ込み、住民が途方に暮れて

写真－3.1　盛土の崩壊（姫路市、出典：産経新聞）

写真－3.2　谷埋め盛土の崩壊（熊本県南関町）

いる一連の流れを、記者を記録したものであった。熊本県は事業者に対して林地開発を許可していたが、その際、事業者に対して土地造成工事の前に防災工事の先行実施を求めていた。ところが、事業者は調整池の完成前に造成工事に着手した。そこで、熊本県は履行状況調査でその事実を把握して以降、段階的に指導を続けてきたものの、8月の大雨で大量の土砂が流出することとなった。同様な大惨事が全国で繰り返されないように警鐘を鳴らす意味から、同記者と相談し、全国で増えつつあるメガソーラー施設が引き起こす土砂災害のことを、「令和の災害」と命名するに至ったのである。

写真―3・3は、鹿児島県姶良《あいら》市のメガソーラー発電施設の土地造成中に、豪雨によって表層の土砂が排水施設を超えて大量に河川へ流出し、さらに河川からも溢れて土石流の直撃を受けた農地である。ここもシラス台地上での土地造成と思われる。土石流発生の瞬間に、畑で農作業をしていた住民は、異常な音を聞いて避難した直後に土石流が襲ってきたそうである。住民は危機一髪のところで難を逃れることができたが、避難行動が一歩遅れていれば、命を失っていたと、当日のことを振り返ったという。

写真－3.3　畑を襲った土石流（鹿児島県姶良町）

写真―3・4は、青森県青森市新城山田のメガソーラー発電施設建設中に、仮設の土砂沈殿池が決壊し、土石流となって土筆《つくし》川へ流出し、土砂で埋め尽くされた水田である。造成地は火山砕屑物《さいせつぶつ》で構成される脆い山であり、開発は斜面のほぼ全域で行われ、開発が困難な急斜面が残地林となっているようである。このように山林が皆伐され、切り盛りの土地造成が行われ、一面が太陽光パネルで覆われると、雨水は一時保水されることなく表面を流れるか、土中に浸透することになる。表流水の排水を怠ると、地表に水みちができて表層を侵食し、土石流の原因となる。また、土中に浸透した雨水も地中で適切な排水を行わないと、地下水位を上昇させて規模の大きな土砂災害を引き起こすのである。

写真― 3.4　水田を覆いつくした土石流（青森市新城山田）

　熊本、鹿児島、青森の土石流はすべて、メガソーラー施設の土地造成段階で発生している。事業者は建設段階で、防災設備を整備する前に、土地造成、発電設備設置を先行し、売電を優先させる傾向があるようだ。また、宅地造成では、排水溝やグラベルドレーンなどの排水対策が整備され、グランドアンカーや鉄筋挿入、鋼矢板等の補強対策が行われるが、森林法ではそのような厳密な補強や排水対策は求められていない。したがって、毎年経験するような大雨でも、土砂は流出して田畑を覆い、土石流は土筆川のような市町村管理の小規模の山地河川（準用河川）を流下し、ついには県管理の河川へと流出する。一旦、記録的大雨を経験すると、雨水は敷地の土砂を伴って調整池へと流入し、調整池を越流し、場合によっては調整池を崩壊させて大規模な土石流となって下流の住宅を襲うことになるのである。これらの豪雨災害によるメガソーラー発電施設の敷地内における土砂崩落や、土砂の敷地外の里山への流出は手始めと考えた方が良さそうである。昨今では、局所的に時間１００㎜を超えるような短時間大雨や、累積雨量４００㎜を超えるような長雨は、どこでも降る可能性があることが常識となっている。林業推進のための森林法によることなく、開発されたメガソーラー発電施設が土砂災害を発生させることを前提として、防災対策に取組み、住民の生命、身体、そして財産を守るべきである。

写真―３・５は、福岡県飯塚市の白旗山《しらはたやま》の裾野に広がるメガソーラー発電施設である。約５万４０００枚（総出力２万１６００kW）

写真－3.5　福岡県飯塚市の白旗山のメガソーラーと新相田地区（出典：西日本新聞）

の太陽光パネルに囲まれた約50世帯、約100人の住民が暮らす新相田地区《しんあいだ》は、もともと森林に囲まれた閑静な宅地だったという。明らかにメガソーラー発電施設で降った雨を集める位置に新相田地区がある。西日本新聞（2022）によれば、メガソーラー発電施設は、2014年に開発計画が持ち上がり、2019年末に着工が行われ、2022年にほぼ完成した。住民の反対が強まり、開発の是非を議論する福岡県森林審議会は2015年に一旦は「継続審議」としたものの、同審議会が2016年に「災害防止などの条件は満たされている」と答申したのを受け、福岡県知事は林地開発を許可した。その後も続いた住民の反対の影響なのか、用地は着工前に2度も転売されたという。福岡県の担当者は、「50年に1度の豪雨」があっても、下流域に一斉に水が流れることのないように調整池が設置され、「開発計画は安全性に配慮している」と許可に理解を求めたという。ところが、2021年5月の大雨の際、川のように水が流れる音で目覚めた住民は、外に出ると濁流にくるぶしまで漬かったという。しかし、よく写真を見ていただきたい。このメガソーラーと住宅の配置を見て、異常と感じないことが問題なのではないだろうか。このメガソーラー発電施設の建設が許可されるような法制度を、改めるべきではないだろうか。

３・４　斜面の安定には地下水位の評価が欠かせない理由

３・１でも簡単に説明したが、どうして土砂災害を防止するために排水施設の整備が欠かせないかについて、図―３・２を用いて簡単に説明しておこう。この図では、βという傾斜のある岩盤の斜面に、高さHの土塊が載っている状態を示している。土塊を構成している土は、不飽和の状態で比重γ_tを有しており、地下水で飽和されるとγ_{sat}の比重となる。また、土を斜面に沿ってせん断させようとしたときτ_rの抵抗を有する。つまり、斜面の表層の崩壊（活動）を評価しようとすれば、まずは斜面の傾斜角βとともにこれらの土の物理的性質と力学的性質を室内試験で事前に把握しておく必要がある。

地表面から雨水が浸透すると、不飽和状態の土の中を雨水は下方へと浸透する。雨水が岩盤まで到達すると地下水位が上昇し始める。となりの土塊にも地下水位が形成され、土塊の左の斜面から地下水が流入し、また土塊の右の斜面へと地下水が流出する。ある時刻には、図のように、h_wの地下水位となっている。このときの斜面上の土塊の滑動（滑り）に対する安定は、土塊の重量の

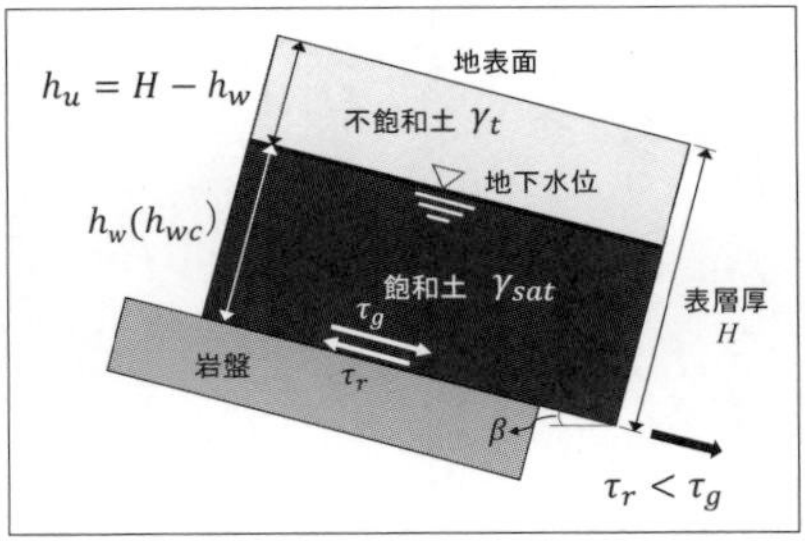

図－3.2　斜面の滑動メカニズムの説明

斜面下方向成分τ_gと斜面上の滑り抵抗（摩擦力）τ_rで評価できる。土塊の重量は地下水位が高いほど重くなるのでτ_gは大きくなる。一方、滑り抵抗τ_rは摩擦力であり、（岩盤上の圧力）×摩擦係数である。したがって、地下水位が高いほど浮力の分だけ岩盤上の圧力（上載圧）が小さくなり、滑り抵抗τ_rは小さくなるのである。その結果、地下水位h_wの上昇とともに斜面はだんだん不安定になり、ある地下水位h_{wc}に達するとτ_gとτ_rが等しくなる。このときの地下水位h_{wc}を限界地下水位と呼ぶ。ここまで解説した斜面上の土塊の滑動に対する安定の評価方法は、古典的な地盤力学の考え方に基づいたものであり、目新しいものではない。そして、安定度評価には、斜面の傾斜角、土の物理的性質と力学的性質、そして、地下水位を求めるために土の浸透係数が必要である。

以上の解説により、斜面の安定を保つには地下水位を下げる必要があることを理解していただいただろう。地表面の排水路や土中の排水設備も整備し、地下水位が限界地下水位に達しないようにする必要があるのである。また、排水設備を設計するための基準となる降水量が過小評価されていると、設計通りにつくったとしても排水が間に合わず、地下水位を上げてしまう。森林法に基づいた設計では、設計降水量がせいぜい30年確率、1時間雨量にすると30㎜程度とされている。日本中どこでも1時間雨量１００㎜の短時間豪雨が降る昨今であるから、設計通りの排水設備が整っていたとしても、排水しきれずに斜面が不安定となるのは当たり前なのである。ところが、そのような設計すら無視した手抜き工事が横行し、行政による指導を受ける事例が多いのである。

3・5　メガソーラーの土砂災害は熱海市土石流災害の10倍の規模

山梨県は甲斐市菖蒲《しょうぶ》沢（県有地、旧蚕業試験場跡地約13ha）に太陽光発電施設を誘致し、20年間事業者に貸与することとし、平成25年8月にやまなしメガソーラー（甲斐）が営業運転を開始した。その後、甲斐市菖蒲沢地区、団子新居《だんごあらい》地区の民有林で、メガソーラー発電施設の開発が盛んに行われ、複数の事業者による開発によって2つの山の斜面が太陽光パネルで覆われてしまうこととなった。写真—3・6は団子新居の西斜面に設置されたメガソーラーである。とくに団子新居地区のメガソーラー発電施設の下流では、富士山の眺望が良いので、宅地造成によって住宅新築が盛んに行われ、県内外からの移住が進んでいた。ところが、たちまちにして太陽光パネルが斜面を覆いつくし、雨のたびに土砂流出によって川が濁り、斜面で崩壊が発生し、遊水池の一部が崩壊するといった事態まで発生するようになった。やまなしメガソーラー（甲斐）でさえ、排水路の容量を上回る雨水が道路に溢れ、道路が冠水する事態が頻発している。筆者も数年前からこの開発が気になり、工事の進捗とともに変わりゆく斜面を見て、危機感を抱くようになった。

写真―3・7は令和3年台風19号のとき、同地区のメガソーラー発電施設内で、斜面の崩壊が発生した現場である。スクリュー式杭の上部に打設したコンクリートを基礎とし、その上に太陽光パネルの治具を設置する構造となっている。現地の山は茅が岳(火山)の崩壊土砂で形成されており、火山砕屑物であって岩盤ではないので、スクリュー杭を未風化層まで到達させておき、杭頭が地表に出るあたりで止めてコンクリートを打設する基礎構造を採用したものと思われる。周辺の山の樹種から判断すると、もともとこの山は広葉樹の根が脆い表層を糸で縫うようにしながら未風化層内まで延びて、斜面を安定させていたのである。斜面の広葉樹を皆伐したことにより、斜面を安定させていた広葉樹の根を既に失ってしまったのである。写真の中で表層の地下水を含んで黒っぽく見えるのは風化層（あるいは盛土）で、その下の白っぽい地層は、風化があまり進まない火山砕屑物であるが、

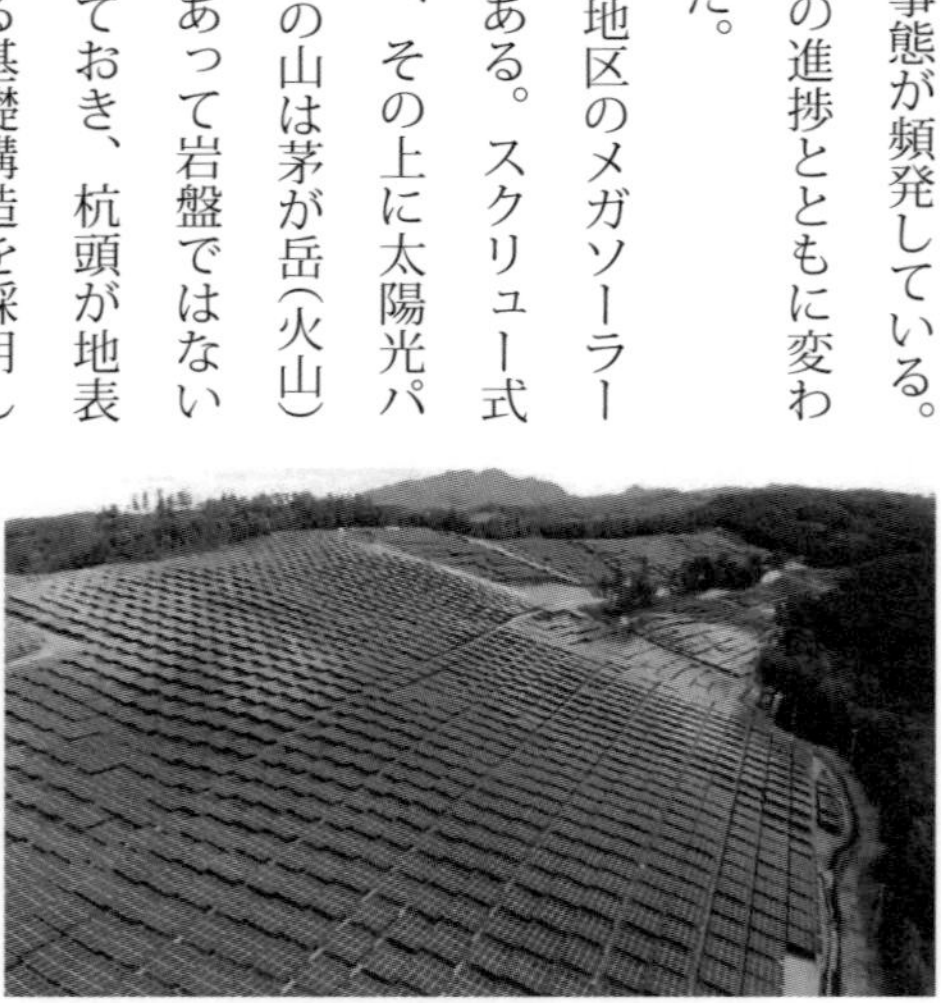

写真― 3.6　山梨県甲斐市団子新居地区のメガソーラー

未固結であって岩盤ではない。このような斜面では長雨により、表層に留まらず、さらに深い未風化層を巻き込んで、規模の大きな崩壊を発生させることがある。３・４節で説明した通り、斜面の安定は、斜面の傾斜、地下水位、土の強度と浸透性によって評価することができる。この斜面では、スクリュー杭は斜面の安定には寄与しないので、さほど強い雨でなくとも、崩壊は起こるであろうことは容易に想像できる。

一旦、この斜面で崩壊が起こるとどうなるのであろうか。図—3・3はGoogle Map上で、尾根を挟んで右側の団子新居のメガソーラー、左側の菖蒲沢のメガソーラーの崩壊を図示したものである。団子新居のメガソーラーに着目すると、まず、①急斜面が崩壊し、土砂と太陽光パネル、架台が防沢川《ぼうさわがわ》を閉塞させる。つぎに、②堰き止めた土砂によって天然ダムが形成される。天然ダムの上流と斜面から雨水がどんどん供給され、③水がダムの頂部を越流すると、ダムは一気に決壊して土石流となり、下流へ水と土石と太陽光パネルを運ぶことになる。尾根と尾根の間には谷があり、谷筋

写真－3.7　崩壊した斜面で確認できる地盤と基礎

には渓流が流れている。団子新居の斜面の下には防沢川が、反対側の菖蒲沢の斜面の下には東川が流れている。川とは言え、写真—3・8のように、護岸も川底の洗掘を防止する床固工《とこがためこう》もない渓流、普段はちょろちょろと流れる程度の谷川である。しかし、豪雨になると谷の水を集め、川底と斜面を洗掘しながら激流となって流れる。形成される天然ダムの規模と数によるが、最悪の場合、太陽光パネルの設置された斜面全体で崩壊が発生すると、斜面の一部が長さ200m、深さ2mにわたって崩壊する土砂の体積は、200m（長さ）×200m（斜面の幅）×2m（崩壊土砂の深さ）＝80、000㎥（8万㎥）、もしも団子新居の図の点線で囲った斜面全面（長さ1、200m）が深さ3mにわたって崩壊すると、崩壊する土砂の体積は、1、200m（長さ）×200m（斜面の幅）×3m（崩壊土砂の深さ）＝720、000㎥（72万㎥）

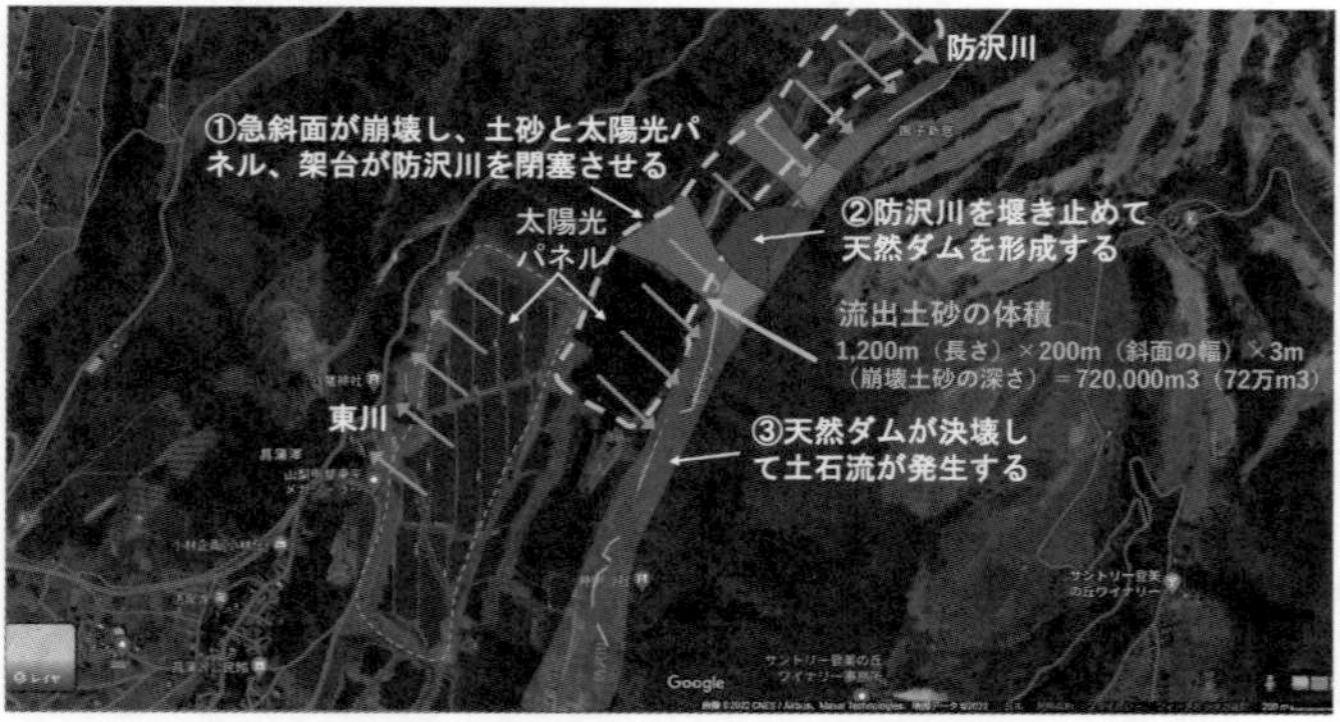

図— 3.3　メガソーラー発電施設の崩壊と土砂災害（Google Map 上に筆者が加筆）

と計算できる。

熱海市伊豆山地区の土石流災害で流出したとされる盛土が5・5万m^3であるから、一部が崩壊しても、崩壊土砂の体積は熱海市の土石流災害を超える規模であることがわかる。点線の斜面全体が崩壊した場合は、熱海市の土石流の13倍の規模で、土砂が流下することになることになる。熱海市伊豆山地区で発生した土石流の映像をご覧になった方は、その脅威を感じていただけると思う。発生する土石流には、太陽光パネルと治具、変圧器等が含まれるので、何が起こるかは想像に難くないだろう。土石流の流下する範囲は、はるか南まで及ぶ。現在、土石流が流下すると思われる区域には多くの住民が居住しているが、この区域は土砂災害警戒区域にも指定されていないので、土砂災害警戒情報が発表されても甲斐市はこの地区に避難指

写真－3.8　メガソーラーの斜面下の谷筋を流れる防沢川

示を発令しないのである。天然ダムが形成されることなく、72万m³の土石流が居住地を襲った場合、現状では避難の余裕はない。

3・6　新たな警戒避難体制構築の必要性

筆者は、2022年の10月頃、メガソーラー発電施設の安全性を懸念する菖蒲沢地区、団子新居地区の住民から相談を受けた。周辺で災害を発生させるような豪雨でもなかったのに、土砂流出によって川が濁り、斜面で崩壊が発生し、遊水池の一部が崩壊するといった事態が発生していたので、住民は大惨事に至らないかと心配していたのである。しっかりと敷地の安全性を評価してほしい、山梨県には監視をしてほしい、という住民の要望を聞き、まずは地区住民の代表者の案内で現地を施設の外から視察した。その結果、起こりうる土石流災害として、図―3・3を描いたのである。

筆者は甲斐市選出の県会議員とお付き合いがあったので、さっそく同議員に電話で連絡し、住民代表者を含めた3名で打合せた。現在、操業しているメガソーラー発電施設を撤去させ、その後に斜面を元の原生林に復活させることは、現実的には不可能と考えられる。したがって、危険な斜面で発生する土砂災害をできるだけ早く、正確に予測し、現地の土砂災害発生危険度に応じて避難する体制を構築することを提案したのである。

山梨県、住民代表者、設計コンサルタントと現地を視察し、山梨県と地区住民につぎのような説明をした（写真―3・9）。

① 人工的につくってしまった危険な斜面を元に戻すには、事業者の資産に対する莫大な損失補償が発生する。また、仮に太陽光パネルを撤去したとしても、斜面は20年や30年で安定した元の姿には戻らない。

② 最優先すべきは人命であるので、危険な斜面のメガソーラー発電施設については、下流の居住区を含めて土砂災害特別警戒区域に指定し、土砂災害防止法に従った警戒避難体制を構築する。

③ ただし、山梨県と気象台の発表する土砂災害警戒情報は、現地の局地的な降雨、斜面の傾斜、土の力学的特性を反映させたものでないことから、現地の降雨観測に基づいて斜面の安定性を評価する指標に基づいて、土砂災害危険度情報を発表する。

④ 土砂災害危険度情報を避難スイッチとして自主避難ができるように、筆者が開発し、現在、山梨県西桂町下暮地《しもくれち》地区で運用し

写真－3.9　住民と山梨県との意見交換会で説明する筆者（甲斐市団子新居）

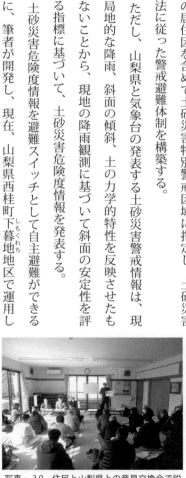

ている「逃げどきチャート」を、地区住民がウェブで閲覧できるようにする。

⑤　山梨県には降雨観測と観測データを用いたリアルタイム土砂災害危険度提供システム（逃げどきチャート）を構築することを、甲斐市にはこの逃げどきチャートに基づいて警戒避難体制構築に地区住民と一緒に取組み、地区防災計画としてまとめることを提案する。

3・7　避難スイッチと逃げどきチャート

矢守（2018）は、住民自らが避難のタイミングを決めるための事象を、避難スイッチと呼んでいる。避難する当事者が自分なりの避難スイッチを設定し、市町村や気象台ではなく、自分でスイッチを押すという構図が重要との観点から、避難スイッチの概念が形成された。矢守・竹之内（2018）は、「スイッチ」の設定にあたっては、専門機関から提供される防災気象情報のみならず、地域住民が自ら観察可能な現象や歴史災害の事例など、広範な情報を活用することを重要視している。また、今後数十年先の防災・減災を見据えた場合、防災気象情報本体の高度化よりも、「スイッチ」に資する情報の多様化・複線化が重要であることを主張している。

近所を流れる河川の水位があるレベルに達する、あるいは低地で浸水が始まるなど、住民が避難を開始するサインとなるものが、避難スイッチである。しかし、土石流災害に対する避難では、地下水位や土壌水分量は現地の土中に計測機器を設置しない限り確認ができないため、現地で視覚的な避難スイッチを探すのは難しい。また、現地で沢の増水や斜面からの湧水、小石の落下などを確認しようとすることは極めて危険である。そこで、鈴木ら（２０２１、２０２２）は土砂災害発生の逼迫度をチャートで表示する避難スイッチを提案した。

図―３・４に筆者が提案した逃げどきチャートを示す。崩壊が懸念される斜面の近い現地で、雨量観測を実施する。この1分毎の降雨を入力として、気象庁と同様な流出解析を毎分ごとに実施する。降雨の浸透が

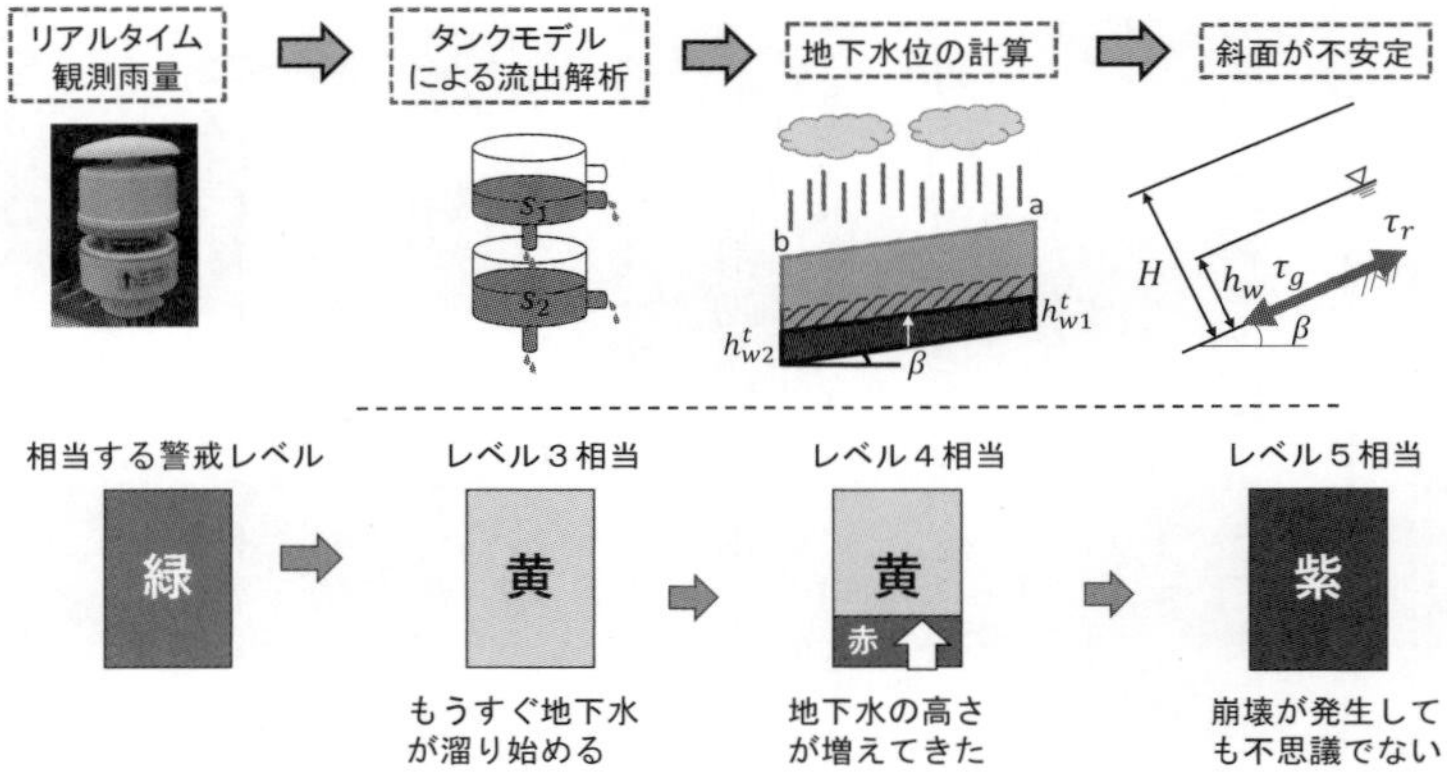

図－ 3.4　逃げどきチャート

少ない状態では、左の緑のチャートを表示して安全な状態を示している。つぎの黄色のチャートは、地下水位が形成される直前の段階であることを示している。降雨がそのまま継続すると、1~2時間後には地下水位が発生するような段階に移行し、避難情報としては警戒レベル3：高齢者等避難に相当させている。岩盤上に地下水が溜りはじめると、次の黄色と赤のチャートに変化させる。この段階になると、雨水の下方への浸透とともに、斜面の上流からの地下水の流入、下流への地下水の流出も考慮した解析を行い、地下水位を決定している。この段階は避難情報としては警戒レベル4：避難指示に相当する。このチャートの上端が限界地下水位（斜面が不安定となって滑動を始める地下水位）に対応しており、赤の高さは限界地下水位を1としたときの限界地下水位h_{wc}に対する現在の地下水位h_wの比率を表している。最後の紫のチャートは、地下水位が既に限界地下水位に達している状態を示しており、警戒レベル5に相当する。すなわち、斜面で崩壊がいつ発生しても不思議ではない状態を意味している。

高齢者等の避難行動要支援者は、黄色のチャートの段階で、支援者の支援を受けて避難を開始することを想定している。また、黄色と赤のチャートは、メガソーラー発電施設の近くに居住する住民ほど、赤の部分が少ないうちに自主避難を開始することを想定して表示するものである。この地区が土砂災害警戒区域に指定されれば、甲斐市は土砂災害警戒情報に基づいた避難情報を発令する。山梨県と気象庁が協働で発表する大雨警報（土砂災害）、土砂災害警戒情報、そして避難情報（高齢者等避難、避難指示）と逃げどきチャートを組合わせ、それぞれの地区では避難のタイミングと避難所ならびに避難経路を検討し、避難計画を地区防災計画としてまとめてもらいたいと考えている。

気象庁と都道府県が共同で発表する土砂災害警戒情報は、雨雲レーダーと地上の雨量計を組合せた解析雨量を用いて、２時間後の土壌雨量指数（土中に溜った雨水の高さ）と60分積算雨量の２次元座標の中で土砂災害発生の予測をし、土砂災害警戒情報を発表することにより、土砂災害警戒区域の住民に対して、市区町村による避難指示発令や住民の自主避難を促す気象情報である。土壌雨量指数の解析方法を、前述の逃げどきチャートでも採用している。土砂災害警戒情報は市町村を対象として発表され、２時間後の土壌雨量指数と60分積算雨量を算定するために入力として用いる解析雨量は１㎞の解像度で計算される。解析雨量は実測雨量ではなく、あくまでも雲を構成する雨粒のデータを、地表の雨量観測結果で補正して求めた計算上の雨量である。雨量計は１㎞メッシュ状に配置されているわけでなく、気象庁のアメダス観測点の間隔は約17㎞である。また、土壊雨量指数の解析では、斜面の傾斜、土の物理的性質、力学的性質、そして土の透水係数などは一切使われてない。あくまで全国一律、全国ネットワークの気象情報の一つとして、発表される参考情報として扱うべきと考える。気象庁のキキクル（危険度分布）では1㎞メッシュの分解能で土砂災害危険度を表示しているが、隣り合うメッシュの最大とするので、実際は３㎞の分解能なのである。解像度はさらに粗い。このように土砂災害警戒情報が、２時間後の比較的低い解像度を有するのに対して、逃げどきチャートはリアルタイム、かつ現地の雨量観測に基づいた現地の斜面の土砂災害危険度を表す点で大きな違いがある。

３・８　風力発電施設と増災

京都府与謝郡伊根町の太鼓山に建設された太鼓山風力発電所で、平成25年３月12日に３号機風車の発電機付きブレード部分（高さ約50ｍ，重さ約45ｔ）が地上に落下する「重大事故」が発生した。風車はラガウェイ社（オランダ）製で、出力４、５００kW（７５０kW×６基）、耐風速は60ｍ/sで平成13年11月15日に運転を開始した。

京都府太鼓山風力発電所３号機ナセル落下事故報告書（２０１３）によれば、事故当時は風速15 m/s程度と設計基準内に収まっており、ボルト折損によりタワー溶接部の応力が著しく増大し、溶接止端部近傍の内面で疲労き裂が発生した結果、ナセル（発電機の収納されている軸部）が落下したこと、すなわち「金属疲労」が事故の主原因とされた。これに対して内田（２０１６）は、「地形乱流」の影響により励振《れいしん》力が増大し，風車支柱とブレードを結合する根元付近に付加的な荷重が発生してボルトの「金属疲労」がより進行したのではないかと推測している。

例えば、風力発電が普及しているヨーロッパでは、偏西風を利用して安定的に発電が可能である。一方、日本では海沿いの、それも一部でしか年間を通して安定的な風は吹かないと言われている。我が国では海からの風を受けやすい山の尾根で風力発電所が建設されているが、例えば日本海側であれば年間に2、3回は台風が通過するし、冬には強風と降雪がある。また、日本海側では夏と冬に落雷が多い。

兵庫県淡路市の北淡《ほくだん》震災記念公園の横に設置されていた風力発電所が、２０１８年8月24日に倒壊した。２００2年4月に稼働を開始したが、２０１７年5月に電気系統が故障したため、それ以降は稼働していなかった。倒壊した風力発電設備も耐風速60 m/sの設計であった。また、風の強い時には、本体の羽の角度を変えて風を逃がすことができる構造となっており、停止中であっても羽の角度は変えられる状態だった。台風が接近した日の淡路市の最大瞬間風速は28・6mで、強度や風速に多少の誤差はあったにしろ、風車が十分に耐えられる程度の風だったということであった。事故後に行われた経済産業省の現地調査によって、コンクリート基礎と支柱をつなぐ鉄筋が何らかの理由で破断していることが判明したという。淡路島には他にも24基の風車があるが、倒壊したのはこの1基のみであったことから、前出の内田は地形乱流による経年劣化で基礎部の耐久性が建設時を下回っていた風車を、台風による乱流が風車を大きく揺さぶり、設計上では耐えられる風速以下での倒壊に至った可能性について指摘している。

筆者は地震工学も専門としており、耐震設計に長年携わってきた。耐震設計の世界では、1981年の新耐震設計法より、構造物の供用期間内に1度か2度経験するような中規模の揺れに対しては、表面に小さな亀裂が発生する程度の損傷に留め、利用には全く影響を与えない弾性の範囲の挙動となるように設計する。一方、想定できる最大規模、あるいは過去に経験した最大の揺れに対しては、構造物の一部に破壊が発生したとしても部材の非線形挙動によって、崩壊はさせない(人命を失わせることのない)性能を保証する設計を行うのである。台風時には最大瞬間風速で90m/sを超える観測値が得られており、最大風速（10分間平均風速）でも昭和40年台風第23号の際に室戸岬で６９・８m/sが観測された実績がある等、60m/sを超える風速も観測されている。それにもかかわらず、耐風速60m/sのヨーロッパ製の風車が、倒壊を想定することなく建設されることに対して、筆者は疑問を感じずにはいられないのである。

風力発電設備の支柱が倒壊する事故は過去に沖縄で2件、青森で1件起こっている。風車が倒壊した原因は、想定を超える強風や故障による風車の回転制御不能とされている。風力発電の事故原因としては落雷も少なくない。つぎに維持管理不足、強風、落雷＋台風もある。そして事故原因が不明のものもあるのである。カーボンニュートラルの実現に向けて陸上、洋上併せて1、９００億kWhの風力発電が行われると、毎年何基の風車で事故が発生するのであろうか。

以上のように、風車自体の安全性に疑問を持たざるを得ないが、それ以上に懸念されるのは、大規模な風力発電施設が山の尾根に作業用道路を建設しながら、数キロメートルにわたって連続的に構築されることが与える影響である。高さ2００m、長さ1００mのブレードを運搬するために、重機が通る道路は、幅40ｍにわたって切り盛りされて建設されるのである。そして風車が建設され場所には、1辺1００m程度の基礎コンクリートが打設される。筆者は京丹後市の生まれである。郷土の友人から相談を受けたのがきっかけで、風力発電施設の建設が計画されている山に登り、関係者と情報を共有することにした。写真―3・10は京都府京丹後市の磯砂山《いさなごさん》系の風力発電施設が計画されている山の尾根を撮影したものである。磯砂山系は花崗岩の山であり、ほとんどの尾根幅は5m程度しかない。また写真―3・11は、登山道に沿って谷筋を流れる渓流である。尾根から急斜面に至るまで、樹木の根が花崗岩の亀裂に入り込み、高田（2022）の指摘するように、菌糸が網の目のように亀裂中に拡がり、広葉樹が繁茂する土中環境をつくって花崗岩の尾根のみならず、斜面から谷筋に至る斜面の安定や生態系を保っているのである。

山の安定にとって「いの一番」に挙げられるのが尾根の環境保持なのである。この尾根が幅40mの道路と一辺100mの基礎を構築するために、連続的に破壊されてしまうと、山全体は次第に風化してまさ土へと変化し、樹木が枯れて不毛と化した斜面から

写真－3.10　磯砂山系の山の尾根

写真－3.11　登山道に沿った谷筋を流れる渓流

土砂が崩壊するのである。建設工事でどれだけの岩盤が掘削されるか、想像できるであろうか。掘削した土砂はどこに捨てられるのであろうか。切った土で斜面を盛り、谷を埋めることによって、工事用道路を建設するのである。それも、舗装も排水設備もないほこりの舞う道路である。当然、盛土は雨のたびに流され、谷を下って流出する。谷筋に集まった土砂は沢を埋め尽くし、雨が降るたびに下流の河川へと流出するのである。豪雨の際は土石流を発生させ、麓《ふもと》の集落を襲い、土砂災害を引き起こす。さらに土砂は河川の河床に堆積し、河川の流下能力を低下させる。また、河川は住宅地や農地よりも河床の高い天井川となる。その結果、まちでは河川氾濫が発生し、大規模水害が多発するようになる。それだけでには留まらない。土砂は河川から海へと流出する。海水が汚れ、沿岸の海藻が死滅し、二酸化炭素吸収能力を失い、漁業にも悪影響が出る。さらに、土砂は沿岸地形を変える。土砂の流入と海流によって、これまで鳴き砂の広がる美しい砂浜が消え、茶色い土砂で海岸が埋め尽くされる。そして、大規模風力発電施設建設から何十年後には、海水浴や美しい海を目当ての観光客でにぎわったまちは、経済的に苦境に立たされることになりかねないのである。行き過ぎた風力発電施設建設による森林破壊は、やはり増災となりうるのである。

3・9　森林法に基づいた審査とは

森林を改変して太陽光発電施設や風力発電施設を開発するためには、大量の樹木を伐採（皆伐）し、土地を造成しなければならない。そのためには、森林法に基づいた許可申請が必要である。森林法は、「森林の保続培養と森林生産力の増進とを図り、もつて国土の保全と国民経済の発展に資すること」を目的として、昭和26年に制定された法律である。つまり、森林法は本来、森林生産を推進するための法律なのであり、再生可能エネルギー開発を規制したり許可したりする法律ではない。森林法が規定している代表的な制度として、全国森林契約・地域森林計画などの森林計画制度、林地開発許可制度、保安林制度がある。

森林計画制度では、農林水産大臣が全国の森林について5年ごとに全国森林計画を策定し、農林水産大臣が定めた「森林計画区」別に、都道府県知事が地域森林計画を策定することになっている。林地開発許可制度では、地域森林計画対象民有林（5条森林という）で、土地の形質の変形などの開発行為を行う場合には、原則として、開発行為が

１ha以上となると、都道府県知事の許可が必要であることを規定している。なお、令和５年４月１日以降は、太陽光発電設備の設置を目的とする開発行為で０・５haを超え１ha以下のものが新たに許可制度の対象となる。ただし、１ha(令和５年４月１日以降は０・５ha)に達しなくても、伐採及び伐採後の造林の届出は、伐採を始める90日前から30日前までに、市町村長へ届け出る必要がある。

林地開発許可制度は，森林を開発することによりこれまで森林が有していた機能を阻害しないように適正に開発を行うことを目的として、昭和49年に創設された制度である。一定規模以上の開発面積にわたって太陽光発電施設や風力発電施設の開発を行う場合は、事業者は林地開発許可申請を行い、認可を受けなければならない。この申請に基づいて、関係市町村との意見照会、河川管理者との河川協議を行い、都道府県知事が認可の判断を行う。開発面積が10ha以上の場合は都道府県の森林審査会が開発の是非を諮問することとなっている。都道府県知事は、許可の申請があった場合、土砂の流出又は崩壊その他の災害、水害、水源の涵養機能、環境の保全の観点から支障がある恐れがなければ、これを許可しなければならないとされている。各都道府県は「林地開発許可申請の手引き」を作成しており、この手引きに従って事業者は申請書類を準備する。切土や盛土における規定とともに、林地開発許可の条件としてもっとも大切なのは洪水調整池の設計である。しかし、森林法は森林生産を推進するための法律であるため、30年確率の降雨強度を対象とするに過ぎない。これに対して水防法では河川施設の設計では50年～２００年、洪水ハザードマップ作成のための浸水想定区域図の作成では1、０００年確率の降雨を対象としているのと比較すると、森林法で想定している外力としての降雨強度は極めて低いと言える。

保安林制度は、農林水産大臣が水源のかん養・土砂の流失の防備などの目的で、森林を「保安林」として指定したり、その目的を達成するために森林の造成事業等を行う必要がある場合には、森林や原野などを「保安施設地区」として指定したりすることができると規定している。保安林と保安施設地区において、立木の伐採と土地の形質の変更などを行う場合には、原則として、都道府県知事の許可が必要である。

3・10 再生可能エネルギーの開発が行き過ぎた場合のデメリット（増災）

行き過ぎた再生可能エネルギーの開発が行われた場合、どの程度のデメリットが生じるかについて試算してみた。デメリットの項目としては破壊される森林面積を取り上げた。我が国は２０５０年カーボンニュートラル達成目標のため、太陽光発電は２６０GW、風力発電は90GWという挑戦的な数値目標が掲げている。この数値目標を達成するために、森林がどれだけ開発され、その結果が我が国の国土、生活、産業にどのような影響があるかについて、以下の試算結果に基づいて考察した。

１基の出力１００万kWの原子力発電所が1年間にわたって発電する電力量と同等な発電をするために必要な面積は、太陽光発電、風力発電のそれぞれで58㎢、２１４㎢と試算されている（経済産業省）。同省では、原子力発電所の設備作業効率を80％、太陽光発電ならびに風力発電の設備作業効率をそれぞれ15％、20％として試算している。出力１GW（１００万kW）の原子力発電所による年間電力量は、１GW×24時間×３６５日×０・８＝7、００８GWhである。この年間電力量を得るのに必要な太陽光発電の換算出力α（GW）は、設備作業効率が０・１５であるから、

α（GW）×24時間×３６５日×０・１５＝7、００８GWh

となり、

α＝５・３３（GW）

同様に、風力発電では、この年間電力量を得るのに必要な出力α（GW）は、

α＝4・0（GW）

となる。この関係を用いて太陽光発電の出力260GW、風力発電の出力90GWに必要な面積を求め、我が国の総森林面積（約2、500万ha）との比として、太陽光発電と風力発電による森林専有面積比を試算した結果を表―3・1に示す。

表―3・1　カーボンニュートラル達成に必要な専有森林面積に関する試算結果

	2050目標電力（GW）	換算出力α（GW）	必要面積β（㎢）	必要面積（万ha）、b	森林開発の比率	必要面積（万ha）、a	森林面積（万ha）、c	専有面積比、a/c	専有面積比、b/c
太陽光発電	260	5・33	58・00	28・29	0・3	8・49	2500	0・0034	0・0113
風力発電	90	4・00	214・00	48・15	0・2	9・63	2500	0・0039	0・0193
合計	350					18・12		0・0072	0・0306

なお、必要面積b（万ha）は、b＝2050目標電力×β÷α÷100（万ha）で計算できる。表中のa/cは、太陽光パネルのうち0・3を森林に、その他を建物の屋上などの森林以外に設置したケース、風力の場合は洋上の比率が大きいと考え、森林の比率は

０・2と仮定している。一方、表中のb/cはすべての発電を森林で行った場合で、参考のために記載しているものである。

表に示す通り、必要な森林専有面積比a/cは、地熱や水力を含めることなく太陽光発電と風力発電のみで、０・７％と試算された。上記のβ（58㎢、２１４㎢）については、算出根拠が必ずしも明確に示されておらず、近年のメガソーラーや風力発電で尾根筋に建設される作業用道路まで考慮されているか否かまでは不明である。また、再エネの開発に伴って森林での送電鉄塔の建設が顕著になっているが、その面積も無視することはできない。したがって、２０５０年カーボンニュートラルの目標を達成するには、１％を超える森林面積、地域によっては数％の森林面積が開発されることになることに留意しなければならない。

メガソーラーの開発は、山の斜面の一部に留まらず、ほぼ山全体にわたって皆伐、切り盛りによる土地改変を行っている。残地林はわずかで急斜面の開発困難場所か敷地境界付近の開発困難な場所となっているケースが多い。これまで山を安定させてきた広葉樹の根は3年～5年で朽ち果て、保水能力はなくなってしまう。既にその影響は、土砂災害となって全国で顕在化している。

図―3・5をご覧いただきたい。扇状地は土石流がつくった地形、山から川、そして海までが繋がっている。3・8節で述べた通り、山の尾根からも斜面からも崩壊が発生し、両者が繋がって谷筋へと大量の土砂が流下させ、麓の集落を襲い、さらに河川、海へと土砂が流出するのである。森林法の緩い規制の中では、1％の森林破壊はあっという間に倍の面積に広がり、まさに行き過ぎた再生エネルギーの開発が、日本列島を荒廃させるのである。

3・11　再生可能エネルギー開発は増災なのか

再生可能エネルギーの開発、とりわけ森林の

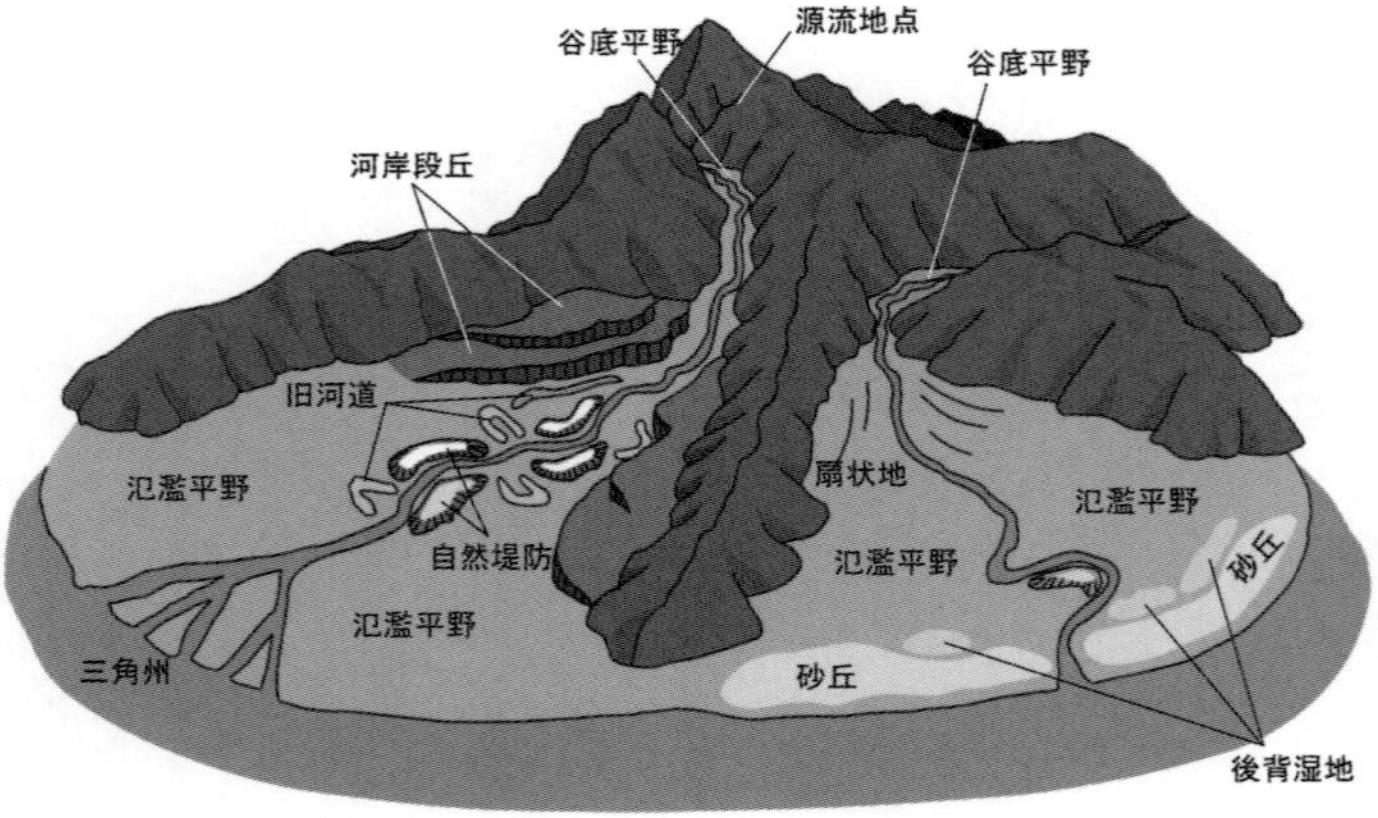

図ー 3.5　山から海までの土砂と水の流れと地形（『改訂 防災工学』鈴木猛康著）

斜面全体に太陽光パネルを設置し、あるいは山全体を造成して開発される太陽光発電施設、山の尾根を縫うように広域に開発し、さらには緑の回廊を遮断して開発されようとしている風力発電施設は、日本の森林を破壊し、麓の集落を土砂災害の危険にさらし、時間とともに河川の河床を上昇させて河川氾濫を誘発し、大量の土砂を継続的に海へ供給して海洋を汚染し、海岸地形を改変させる。まさに１９７０年代の日本列島改造に勝るとも劣らない日本列島改変と言える。行き過ぎた再生可能エネルギー開発は、このような日本列島改変を起こし、我が国の自然、生態系、人々の暮らし、観光や漁業を含む産業、ひいては地方経済に極めて大きな負の影響を与える可能性が高い。

ここで大切なのが再生可能エネルギー開発についてのトレードオフについて分析し、再生可能エネルギー開発が増災でないことを確認する必要がある。図―３・６は、左に再生

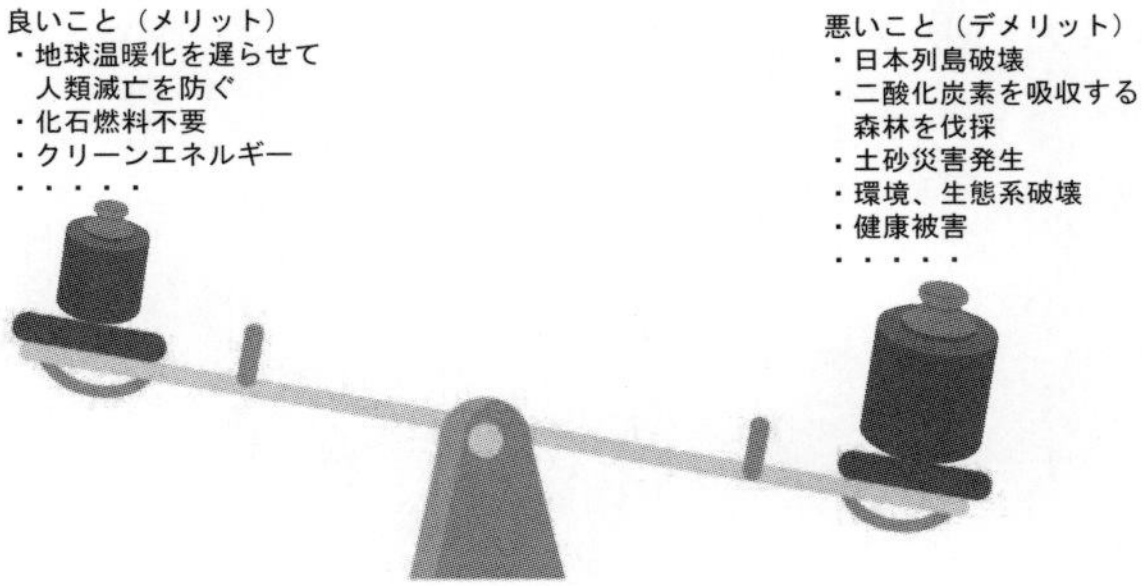
良いこと（メリット）
・地球温暖化を遅らせて
人類滅亡を防ぐ
・化石燃料不要
・クリーンエネルギー
・・・・・
悪いこと（デメリット）
・日本列島破壊
・二酸化炭素を吸収する
森林を伐採
・土砂災害発生
・環境、生態系破壊
・健康被害
・・・・・

図― 3.6　良いことと悪いことのトレードオフ

可能エネルギーが我々人類に与えるメリット、右にその逆で再生可能エネルギーによって被るデメリットを整理したものである。大規模な再生可能エネルギーの導入が、二酸化炭素を大量に排出する化石燃料によるエネルギーの代替となって地球の温暖化を抑え、気候変動による人類の滅亡を避けることができるほどの効果があるなら、右のデメリットの影響が大きかったとしても、メリットが勝ることは誰の目にも明らかである。ところが、二酸化炭素排出が人類の滅亡どころか、地球の温暖化の主因でなかったらどうであろうか。行き過ぎた地域の土地改変によって巨大な自然災害が発生し、多くの犠牲者が発生する前に、そして100年、200年後に日本列島が改変されて、我が国の豊かな自然、生態系、そして暮らしが破壊されないように、行き過ぎた開発には早期に歯止めをかけなければならないのである。今だけ、金だけ、自分だけの3だけ新自由主義に陥ってはならないのである。

新自由主義は、政府による市場への介入を最小限にし、経済活動をできるだけ自由にすべきだという考え方で、規制緩和、自由化、民営化、さらには「グローバル化」といった政策を推進するものである。再生可能エネルギー開発も、我が国が守らなければならない自然破壊に目をつむって規制緩和、自由化を行い、民間の事業者におまかせ、海外の投資呼び込みにつながっている。それほど、我が国の固定価格買取制度がおいしい投資先を生み、海外からおカネが集まっている現状を否定できない。我が国の国土が取り返しのつかないほど荒廃する前に、歯止めをかける必要がある。したがって、再生可能エネルギー開発が増災か否かを早く見極めなければならない。

第4章　行き過ぎたグランピング開発は増災

―縦割り行政の弊害が増災につながる―

4・1　急な斜面にグランピング

グランピング（glamping）とは、グラマラス（「魅力的な」を意味するglamorous）とキャンピング（camping）を組み合わせた言葉である（Rakuten TravelのHP）。自分でテントやキャンプ道具などを用意しなくても気軽にキャンプ体験を楽しむことができ、ところによってホテル並みの快適なサービスも受けられ、新型コロナ禍で注目されている新しいキャンプスタイルである。自然の景観を満喫できるように、多くのグランピングは山の斜面に固定した観覧ウッドデッキ上にドーム型テントを固定している。ドーム型テントの中には豪華なベッドが置かれ、空調やシャワー室が装備されている。また、ウッドデッキ上ではバーベキューが楽しめ、注文すれば食材や食器等一式が提供される。

２０２２年２月に富士河口湖町の数名の住民が筆者を訪ねて相談に来られた。土砂災害特別警戒区域に指定された斜面が、キャンプ場として開発されようとしているとのことであった。富士河口湖町では、「富士河口湖町土地開発行為等の適正化に関する条例」が平成15年に制定されていた。この条例によると、開発区域の面積が１、０００㎡以上のもの、ただし、町長が指定する区域にあっては開発区域の面積が３００㎡以上のものについては、開発行為の計画について、あらかじめ町長に協議し、その同意を得なければばならない、と定められている。開発区域の面積が１、０００㎡未満であるので、この条例適用範囲外という理由で、既に樹木の伐採が行われているとのことであった。ただし、この斜面の面積が３００㎡を超え、土砂災害特別警戒区域を含むなら、危険区域の開発に当たるとして区域指定すれば、町長は条例に従って合法的にこの開発を止めることができた。現地は優に３００㎡を超え、１、０００㎡を超えるほどの面積であった。

あってはならない無謀な開発行為であり、キャンパーの命が脅かされ、斜面の下の居住者の土砂災害発生リスクを高めることになるので、富士河口湖町に対して意見書を作成することとした。山梨大学と富士河口湖町は令和2年に包括協定を締結しており、その中心となる分野が防災と教育であった。筆者は大学側の防災分野の代表として包括協定の締結式にも出席していた。いわば、著者は富士河口湖町の防災アドバイザーの立場にあった。住民の活動グループは、私の意見書と2、910筆以上の反対署名を、町へ提出して工事中止を陳情した。ところが、富士河口湖町は臨時で議会を招集し、この陳情の開発行為を賛成多数で認めてしまった。既に伐採が進んでいた斜面はあっという間に皆伐状態となり、4月にはウッドデッキとドーム型テントの設置工事が行われていた。ドーム型テントの中には、ベッドが置かれ、空調、電気、ガス、水道などのライフラインの工事が行われていた。開発されるのがキャンプ場だと信じていた著者は衝撃を受けた。その瞬間、著者には土砂災害防止法の条文が頭に浮かんだ。

4・2　土砂災害警戒区域に宿泊施設を新設

土砂災害防止法では、土砂災害特別警戒区域で「居室を有する建築物」の新築に対して、厳しい建築構造制限を設けている。居室とは、建築基準法2条4号で「居住、執務、作業、集会、娯楽その他これらに類する目的のために継続的に使用する室をいう。」と定義されている。「継続的に使用する」とは、特定の人が使用し続けるだけではなく、不特定の人が入れ替わりながら使用し続ける室も含んでいる。住宅のリビング、寝室、書斎、店舗の売場、スタッフの休憩室、オフィスの事務室、警備室、ホテルの宿泊室、厨房、学校の教室、職員室などはすべて居室である。

土砂災害特別警戒区域とは、例えばがけ崩れの危険性の高い急傾斜地崩壊危険箇所を簡単に説明すると、岩石が落下して住宅を直撃すると、住宅の中にいても、居住者の命が脅かされるような場所であり、崖からの水平距離が崖の高さに相当する範囲が特別警戒区域に指定される。したがって、このような場所の居住施設では、頑丈な擁壁を設ける、あるいは山側に窓のない鉄筋コンクリート造の頑丈な建物とするなど、居室を有する建築物の構造が当該土砂災害の発生原因となる自然現象により建築物に作用すると想定される衝撃に対して、安全な建築物の構造耐力を有する必要がある。そのような斜面に、簡易な構造であるドーム型テントを設置するなど、許されるはずがないことは明白であった。

ここで取り上げたグランピングを写真―４・１に示す。写真の施設ががけ崩れによる衝撃に耐えられるはずがないので、住民に建築確認について、山梨県の東部建設事務所に問い合わせてもらったところ、同事務所からはドーム型テントは建築物ではないので、確認申請は不要との回答があったそうである。住民は納得ができないため、建築主事のいる県土整備部建築住宅課を訪ねた。しかし、やはり、ドーム型テントは建築物と見做さないので、建築確認が不要とそっけなく回答されたそうだ。

建築基準法では、建築物について、土地に定着する工作物のうち、屋根及び柱もしくは壁を有するもの、これに附属する門もしくは塀、観覧のための工作物又は地下もしくは高架の工作物内に

写真－4.1　富士河口湖町の斜面に設置されたグランピング

設ける事務所、店舗、興行場、倉庫、その他これらに類する施設をいい、建築設備を含むものとする、と定義している。山梨県県土整備部建築住宅課は、容易に膜の取り外しができないドーム型テントであるにもかかわらず、事業者がすぐに取り外せると主張するから建築物と見做さなくて良い、と説明したのだそうだ。さらに、当該部署は建築確認を業務としており、土砂災害が発生したとしても関与しない、と宣言したのだそうだ。土砂災害特別警戒区域で「居室を有する建築物」のうち、「建築物」の定義にこだわり、建築物ではないと見做しているドーム型テントは「居室を有する建築物」ではない、ということのようだ。したがって、ドーム型テントについては土砂災害防止法で必要とされている構造耐力の有無を確認する必要もないとは、本末転倒も甚だしい。まさに「木を見て森を見ず」である。ドーム型テントは、保健所へ旅館業法の申請をしており、間違いなく居室を有する宿泊施設（構造物）であり、さらに通常は土砂災害警戒区域に建築することができない木造住宅よりもずっと構造耐力が低いのである。もちろん、旅館業法の申請時に、事業者は保健所へ図面を提出している。保健所は、土砂災害特別警戒区域に宿泊施設が建設されることを知り得たはずであるから、建設事務所へ相談するべきであった。

事業者はもちろん、当該地区が土砂災害特別警戒区域であることを知っていたはずである。また、旅館業法に従った居室を有する宿泊施設の申請を行っている。したがって、事業者が最初に行うべきは、山梨県に対して当該斜面に宿泊施設を建築して旅館業を営むことについての相談であったはずである。どんな場所にどんな施設を建築するかを保健所へ提出する図面を持って、山梨県に相談すべきであった。そうすれば、期待する所ではあるが、現地の建設事務所、保健所が県土整備部長に相談し、関係部署で情報共有を行った上で、建築を許可しないとの判断ができたはずである。ところが、事業者は建設事務所に対して、取り外し可能なテントだからと言って、建築確認不要の判断を引き出したと考えられる。つまり、事業者は建設事務所に、ドーム型テントは建築物にあらず、という判断をさせたのである。ここがすべての失敗の出発点であった。

4・3　建築基準法とグランピング

建築基準法における建築物の定義は前述の通りであるが、ここで建築確認の実際について説明しておこう。建築基準法の所管は国土交通省であるが、建築確認事務は都道府県あるいは市町村が行っている。政令で指定する人口25万人以上の市には、建築確認事務を行うために建築主事が置かれ、そうでない多くの市町村では、都道府県に建築主事を置き、建築確認事務を行っている。建築主事とは、地方公共団体に所属し、建築確認や中間・完了検査などを行う公務員のことである。建築主事は、国土交通大臣が行う検定に合格して、「建築基準適合判定資格者」と認められる必要がある。この検定を受験するための資格として、一級建築士を取得し、建築行政または、確認検査機関で2年以上の実務経験を有する必要がある。山梨県では人口25万人以上の政令指定市はないし、一級建築士を有する公務員は極めてまれであるので、建築主事は山梨県に置き、県で建築確認や中間・完了検査の確認申請事務を行っている。

グランピングのルーツはモンゴルの遊牧民が暮らす移動式住宅・パオにあると言われ、また昔の裕福な欧米人が自分たちの植民地であるアジアやアフリカ諸国で楽しんだキャンプスタイルにも通じている。グランピングというキーワードを生んだのは２００５年のイギリスとされている。グランピングの主たる構造であるドーム型テントのほとんどは、海外で開発され、日本に輸入されたものである。最近は国産のドーム型テントもあるらしい。このようにグランピングは海外で開発されたものであるため、そのままの構造ではほとんどのドーム型テントは日本の建築基準法の構造耐力を有していない。部材や膜構造が、日本の設計地震力に耐えるわけがない。当然ながら、土砂災害特別警戒区域における居室のある建築物の構造耐力を有するはずがないのは、素人でも理解できるだろう。

ドーム型テントを建築物と見做すか否かの判断については、各都道府県で異なるようである。各都道府県は全国自治体の建築主事がまとめた「基準総則・集団規定の適用事例」に準拠して、テント工作物が建築物か否かの判断をしている。この事例では、テント工作物を容易に撤去または膜材の取り外しができ、一時的に使用を目的としたものは建築物として扱わないと定めている。山梨新報（２０２２）の聞き取り調査によれば、山梨県と長野県は「簡単に取り外せれば、一時的な使用でなくても建築物ではない。」と同事例の定義に反するような回答をしている。群馬県は「通年営業なら建築物と見做す」と、千葉県は「電気、水道などの撤去が容易でなければテント工作物は建築物と見做す」と回答したという。一方、神奈川県は「２～３泊の週末利用を超えたら一時的使用か否かを判断する」と回答し、静岡県は「容易に取り外しができるとは、週末予約がないときは撤収するという意味」と説明したようだ。

兵庫県は「宿泊客入れ替わりの際に撤収しなければ、テント工作物は一時的使用ではなく建築物」、長崎県は「4泊を超えたテント工作物は建築物」、福岡県も宿泊者毎に撤収しなければ建築物」と回答したという。

4・4　その後の行政の対応

富士河口湖町におけるグランピングについては、テレビ、ラジオ、新聞で取り上げられ、著者もメディアから取材を受け、山梨県の対応に厳しいコメントをさせていただいた。山梨テレビ（UTY）のニュースでは、「このまま放置すると、人的被害を伴う土砂災害を誘発してしまう。素敵なホテル、旅館、コテージが建ち、山梨が観光で潤うことは大いに結構だが、行き過ぎた開発は、宿泊者や斜面下の居住者の生命、身体、財産のみならず、山梨の観光にとって取り返しのつかない大きな打撃を与えてしまう。」とコメントした。山梨新報（2022a）は、一面で事実関係を細かく整理した上で、山梨県の対応について厳しく批判した記事を掲載した新聞を長崎幸太郎県知事に届けた。9月議会で忙しいながらも、長崎県知事はこの記事に目を留め、廊下ですれ違った記者にお礼を言い、対応を指示したことを記者に伝えたという。後日、記者ならびに住民より、山梨県がグランピングを建築物と見做すように、山梨県のガイドライン（取扱い基準）の改定を検討中と聞いた。

その後、山梨県県土整備部建築住宅課は２０２１年12月に、ガイドラインのうち、テント工作物の取り扱いについて見直し、令和５年１月１日より変更した（山梨新報，２０２２ｂ、山梨日日新聞，２０２２）。

居住、宿泊、執務、物品の保管などの屋内的用途に使用するテント工作物の取り扱いは次のとおりとする。

(1) 膜材の取り外しが容易ではないものは、建築物に該当する。

(2) 膜材の取り外しが容易なものは、次のとおりとする。

・継続的に使用する場合は建築物に該当する。

・一時的に使用するものである場合は建築物に該当しない。

(3) 容易に撤去できる簡易なものは、建築物に該当しない。

（例）三角テント、イベント用テント、サウナテント

(4) 上記(1)～(3)に該当しないものについては、特定行政庁が個別に判断する。

ここには注意書きがあり、「膜材の取り外しが容易」とは、膜材の取り外しが手作業又は軽工具により短間で行えるものをいう。「一時的に使用」とは、利用者が入れ替わる

ごとに撤去又は膜材の取り外しを行うものを原則とし、そうでない場合は「継続的に使用」とする。「容易に撤去できる」とは、骨組がアンカー、ビス等により基礎、土台、床等に固定されていないもので、骨組及び膜材が人力により撤去できるものをいう。

しかし、山梨県が改めなければならないことは、ガイドラインにおける建築物の定義ではなく、関係部局間の情報共有に基づいた建築許可判断プロセスへの変更なのである。建築住宅課、砂防課、保健所で、何が、どこに、建築されるかについて、情報共有さえしていれば、このようなことは起こらなかったはずである。ちなみに、建築確認は県の業務となるが、そのための手引きや要綱についてはその内容が正しい、すなわち合法とは限らない。違法となる場合もあるということである。法律はあくまでも建築基準法の条文である。とくに、土砂災害防止法では、居室のある建築物に対して、土砂災害特別警戒区域での構造規制を義務づけている。ホテル・旅館業として保健所に届け出た居室には、天井も屋根もあるわけで、建築物ではないということは一般に通用しないであろう。ケースバイケースで判断しなければならず、このケースでは建築確認をするのが常識であろう。土砂災害が発生した場合は、瑕疵を追及されるのは事業者ではなく、行政になるのではないだろうか。その際、建築基準法を所管する国土交通省は、県移譲業務だから、県の判断に任せたと主張するであろう。

建築基準法における建築物の定義に、「観覧のための工作物」が含まれていたことを思い出してほしい。「観覧のための工作物」の具体例として、サッカー場、野球場、競馬場等の屋根を有しない観覧席が挙げられている。しかし、日本語で「観覧」には芝居、スポーツ、イベント、絵などとともに、景色を楽しむという意味がある。観覧車は高所から素晴らしい眺望を楽しむためのものである。したがって、絶景を楽しむための大型の観覧デッキは建築物として取り扱い、建築基準法を適用するのが妥当ではないだろうか。前述のグランピングは危険な斜面に固定した鉄骨部材上のウッドデッキに設置されていた。近年、大型の観覧デッキが建設され、観光客に話題となっている。山梨県忍野村《おしのむら》の二十曲峠《にじゅうまがり》展望テラスは、富士山の眺望が美しい標高1、150mに2022年9月にオープンし、観光客で賑わっている。急斜面の岩盤上の鉄骨の骨組み構造となっている。その構造設計、施工をすべて事業者任せとし、建築確認を行わないのはいかがなものであろうか。外国人団体客が一斉に押し寄せて、デッキ上でジャンプを始めたら、と思うと、設計技術者でもある筆者は、大いに不安になるのである。

一方、富士河口湖町は10月26日に臨時議会を開催し、前述の開発条例の改正を可決した。この条例改正の内容とは、開発行為の対象にキャンプ場やグランピング施設を追加し、開発エリアに土砂災害警戒区域などが含まれる８００㎡以上の計画については町長の同意が必要とするものである。ただし、開発条例を改正しなくとも、町長の権限でグランピングの開発を止めることはできたはずであり、条例に不備があったわけではないのである。住民からのキャンプ場の開発差し止め要求に対して、４月の臨時議会において否決したにもかかわらず、このような条例改正を行ってことを収めようとしていることの経緯については不明のままである。なお、山梨県のガイドラインと富士河口湖町の条例改正の施行日は、どちらも令和5年1月1日である。

富士河口湖町の河口浅間神社から母の白滝に向かう林道沿いで、富士山と河口湖の眺望に適した30度を超えるような急斜面が皆伐され、複数のキャンプ場として営業していた。地面に固定され、壁があり、屋根のある建造物は、建築基準法で定義する建築物である。バスの停留場の小さな建物だって建築物であり、建築確認が行われている。ところが、**写真―４・2**の斜面上のデッキに固定された建物をご覧いただきたい。デッキが安全かどうかは別として、壁も屋根もある建造物が斜面上のコンクリート基礎に固定された鉄骨構造の上のデッキに固定されている。しかし施設管理者は、屋根は膜材で覆われており、すぐに取り外れる、と主張した。壁は取り外せないし、デッキも容易に取り外せない。さらに、屋根だって垂木（天井板）の上に膜材を張っているだけである。

建設された当時（約1年前）、山梨県の建築基準ではテント工作物は建築物ではなかった。しかし、屋根に膜材を張ったからと言って、この建造物はテント工作物ではなく、建築物である。山梨県はテントだと説明すればフリーパスで建築を容認する。山梨県が容認したと説明すれば、富士河口湖町も口出ししない。せいぜい、木竹の伐採に関して富士河口湖町景観条例に従った届出をしておけばよい、ということだろう。事業者はお互いに情報を共有している。明らかに確信犯なのである。

写真－4.2　急斜面のデッキ上に固定されたテントと建造物（屋根の垂木上に膜材が張られている）

4・5　縦割り行政の弊害として存在する縦割り法制度

太陽光発電施設や風力発電施設のような再生可能エネルギーの開発のみならず、森林の危険な斜面でグランピングを開発するといった危険な行為に対して、縦割りで存在する法体系もまた増災と言えるのではないだろうか。当然ながら、縦割りの行政は縦割りの法律に基づいて行われる。本節の例でいえば、建築基準法、森林法、国土利用計画法、土砂災害防止法、旅館業法等の法律が、そして山梨県の太陽光条例（山梨県太陽光発電施設の適正な設置及び維持管理に関する条例）、富士河口湖町の開発条例（富士河口湖町土地開発行為等の適正化に関する条例）、さらには富士河口湖町景観条例が、グランピング開発に関係する法制度である。

建築基準法、国土利用計画法、土砂災害防止法の所管は国土交通省であるが、森林法の所管省庁は農林水産省である。国土交通省の中でも建築基準法は住宅局、国土利用計画法は国土政策局、土砂災害防止法は水管理・国土保全局が所管しており、3つの法律に共通な問題において十分な情報共有が図られているとは思えない。山梨県では、国土交通省の所管する分野を県土整備部が分掌している。そして、建築住宅課と砂防課がそれぞれ建築基準法に基づいた建築確認を、土砂災害防止法に基づいた基礎調査、区域指定、土砂災害警戒情報の発表などを担当している。国土利用計画法はリニア未来局が担当している。

一方、旅館業法の所管省庁は厚生労働省である。旅館業とは「宿泊料を受けて人を宿泊させる営業」と定義されており、「宿泊」とは「寝具を使用して施設を利用すること」とされている。宿泊施設は居室を有する建物であるので、「居室のある建築物」である。キャンピングカーは地面に固定されておらず、移動可能であるから建築物ではない。旅館業の運営は、都道府県の条例で定める換気、採光、照明、防湿、清潔等の衛生基準に従っていなければならない。当然ながら都道府県では福祉保健部等の福祉関連部局が取り扱い、具体的には管轄地域の福祉保健事務所（保健所）が営業許可事務を担当している。各事務所では、事業者に対して事前に図面を持参して相談に来ることを求めている。

山梨県の太陽光条例は、太陽光発電施設の設置、維持管理及び廃止に至る太陽光発電事業の全般について地域環境を保全し、又は災害の発生を防止する方法により適切に実施するよう必要な事項を定め、地域と共生する太陽光発電事業の普及を図り、もって太陽光発電事業と地域環境との調和及び県民の安全で安心な生活の確保を図るため、全国に先駆けて令和３年７月に制定された画期的な太陽光発電施設設置規制条例である。この条例により、森林法第5条の森林（5条森林）には、基本的に太陽光発電施設は設置できない。条例制定当初は10kW以上の出力の発電施設に対して規制していたが、令和4年3月より発電出力10kW未満も含む全ての施設（屋根置き等除く）を規制対象としている。森林伐採や斜面への設置などによる災害、環境及び景観等に関する様々な問題が顕在化に対応して制定された条例であるので、太陽光発電施設がグランピングに置き換わったところで、規制の目的は何ら変わりないはずである。しかし、この条例の所管は、県土整備部建築住宅課でも砂防課でもなく、環境・エネルギー部環境・エネルギー政策課なのである。

このように、安全に関わる様々な法制度が存在していても、複数の法制度に跨る案件が発生した場合、関連する法制度を所管する部局間の情報共有に基づいて、総合的に判断する仕組みが、中央省庁だけでなく、地方自治体でも構築されていないのである。シンガポールで洪水対策、上下水道、土地利用に関わる3つの部局が一体化となって都市開発を行われているように、少なくとも安全に関わる案件については、関係部局が情報共有と合理的判断を下すことのできるプロセスを取り入れないと、縦割り行政が大災害を招くことになりかねないのである。とくに、知っていても知らないふりをして、関連する組織に情報を提供しないことが、大きな災いを招くことがある。また、そのような大きな災いが発生したとき、関連部署間で責任の転嫁が行われるのである。令和5年2月に長崎・山梨県知事にお会いした際、関係部局・機関における情報共有の徹底をお願いした。知事は大きくうなずいて、努力することを約束された。

4・6　景観条例は機能しているのか

富士河口湖町は平成24年に先進的な景観条例を制定した。本条例の目的には、「町、町民、事業者及び観光客等の協働による景観形成を進め、もって、富士河口湖町の美しく風格のある風景づくりと愛着と誇りの持てる郷土の実現を図ることを目的とする」と記述されている。当時の小佐野町長が観光推進策として精力的に条例制定に取り組まれたことを、観光の専門家としてその支援をされた花岡利幸・山梨大学名誉教授から伝え聞いていた。この条例では、富士山や河口湖の眺望を確保するため、10m以上の高層建物の建設に制限を設ける、あるいはコンビニ等の建物や看板の配色が周囲から際立たせない等、他の観光地とは異なる特別な条件が付けられている。だから、河口湖を取り囲むどの山の斜面からでも、河口湖の素晴らしい眺望が臨めるのである。

富士河口湖町内は市街地・田園集落景観形成地域、湖水・補完景観形成地域、森林景観形成地域に区分され、それぞれの地域で、建築物、工作物、開発行為等について、届の対象となる規模が定められている。前述の河口湖地区のグランピング開発地は一部が森林景観形成地域であるが、グランピング施設の設置されている斜面は市街地・田園集落景観形成地域に区分されている。ウッドデッキを含めた当該施設が建築物であれば、高さ10mを超えるもの又は床面積が500㎡を超えるものが規制の対象となる。当該施設が工作物であっても、その中の遊戯施設と考えると、高さ10mを超えるもの又は床面積が500㎡を超えるものが規制対象となる。一方、開発行為としては、行為面積1、000㎡を超えるもの、または3mを超える法面もしくは擁壁を生じるものの、用途変更を目的とした高さ10mを超えるもの又は伐採面積300㎡を超える木竹の伐採において、制限が設けられる。

ところが、事業者から富士河口湖町への届出は、木竹の伐採計画のみであった。それも面積は0・25㏊と記載されている。1、000㎡の2・5倍である。行為面積は、6棟のドーム型テントの室内面積が合計で260㎡であるから、ウッドデッキの総面積は520㎡より広い。さらにレセプション棟が1棟と管理棟が2棟あるそうなので、総行為面積は６００～８００㎡になりそうである。当該施設が建築物であろうが工作物であろうが、規制対象なのである。写真―４・３に示す通り、周辺の自然環境に対して著しく突出しており、その色彩は高明度のものを避ける必要があるが、太陽の光を反射して輝く自然環境との調和にはほど遠いものとなっている。このようなグランピングの開発が許可されるとしたら、もはや富士河口湖町の景観条例は機能していないと言わざるを得ない。条例制定から10年以上が経過し、富士河口湖町は景観条例の存在を、かつての町長の熱い思いを、もはや忘れてしまったのであろうか。

そのような怠惰な行政が許されるわけがない。事業者からの届出と実際の施工状況を見れば、景観条例に違反していることは明白である。事業者に説明を求め、場合によっては届出の受領を撤回するくらいの姿勢は必要である。富士河口湖町の美しく風格のある風景づくりと愛着と誇りの持てる郷土の実現を図ることを目的に制定された条例に関するこの問題を放置してはいけないし、不安にさいなまれている住民のために、可能な支援を行うつもりである。その結果については、別の著書で報告させていただきたい。

写真－4.3　グランピングと周辺の風景

このように素晴らしい条例が制定されているにもかかわらず、運用する行政側の怠慢によって正しい運用がなされないと、宝の持ち腐れでは済まされず、増災に繋がるのである。

第５章　将来に備える事前減災

5・1　事前に行うから効果の大きい事前減災へ

減災の定義は、「災害によって被る被害を最小限に抑えるために、あらかじめ行う取組み」であった。その多くはモノをつくったり強化したりするハード対策としての防災とは異なり、減災は法制度や仕組み、計画を主とするソフト対策と位置づけた。災害対策は、災害予防、準備、対応、復旧・復興という4つのサイクルで表すことができるが、減災はその中の準備に相当する。しかし、この減災の多くは受動的であり、主導的な対策ではない。例えば、避難計画は河川氾濫により被害を受けることを前提として、資産は被災することは許容するものの、生命、身体を守ることを目指している。そこで、本著ではさらに積極的に行う事前の減災、すなわち被災は許容するものの、資産を含めて被害を最大限軽減する主体的な事前対策に対して、ソフトのみならずハード対策も含めて、事前減災という概念を提案するものである。

ここでは水害対策としての事前減災について説明する。急流である我が国の河川の治水安全度（洪水に対する川の安全の度合いを表すもので、被害を発生させずに安全に流せる洪水の発生する確率（確率年）で表現する）は大河川でも200年に設定されており、流域面積が広くて河川勾配の低いアメリカやヨーロッパの500年～1,000年の5分の1から10分の1である。さらに堤防整備率（治水安全度に対応して整備が完了している堤防の比率）は、ミシシッピ川やテムズ川でほぼ100％なのに対して、日本では荒川でも54％と低い。国土交通省の直轄河川でも整備率は平均で68％程度に留まる。公共工事費の削減もあり、堤防の増強に対する財源が不足することから、我が国では2005年からハザードマップに基づいた避難、すなわち減災を目指す、防災から減災への方針転換を行った。

河川施設の強化が困難という課題に対して、早期に安全な場所へと立ち退き避難を促すことだけが、とりうる解決策ではない。建築物を高層化したり、低層部をピロティ形式にしたりすることによって、洪水を受け流すハード対策がある。また、浸水しないように嵩上げした土地を造成し、コンパクトなまちを形成する土地利用計画を導入することもできる。国土交通省が推進する流域治水（雨水が河川に流入する地域から河川等の氾濫により浸水が想定される地域にわたる流域に関わるあらゆる関係者が協働して行う水災害対策）の中には、事前減災と言える対策が含まれている。

本章では、事前減災として、シンガポールのグリーンインフラと土地利用政策について紹介する。また、グリーンインフラの一つであるEco-DRRを紹介する。そして、事前減災の代表格として、筆者が取り組んだ水害に強い甲府盆地のレジリエントなまちづくりについて紹介する。水害対策、グリーンインフラ、スマートシティ等を統合させたまちづくり構想をつくりあげるプロセス、そしてその成果であるリニア新幹線開業後の甲府盆地南部の構想について、詳しく解説する。

5・2 シンガポールに学ぶグリーンインフラ

グリーンインフラとは、「自然の持つ多様な機能を賢く利用することによって、持続可能な社会と経済の発展に寄与するインフラや土地利用計画」と定義されている。ヨーロッパではグリーンインフラは都市に緑と青（水）の空間を与えて居住しやすい働きやすい環境をつくりだすことに重きが置かれている。一方、米国ではレインガーデンによって降雨を一時的に住宅地の植物に保水させ、河川への流出を遅らせるなど減災にも重きを置いている。

我が国でも六甲山に計画的に植林し、維持管理することによって、六甲山に緑を復活させたり、河川に遊水池を配置したりするなど、生態系の保全とともに洪水の流量調整を行うなどが、グリーンインフラと位置づけられている。筆者はその中でもシンガポールのグリーンインフラ政策に興味を持ち、現地を視察するとともに政府の技術者を訪問し、我々が見習うべきグリーンインフラのハードとソフト（政策）について、学ぶことができた。以下にその内容について概要を説明する。

シンガポールは、世界でもっとも持続可能な都市の１つとされている。Active, Beautiful, Clean Waters（ABC Waters）プログラムが２００６年に開始され、国の水域を排水と給水の機能を超えて、地域社会の絆とレクリエーションのための新しいスペースを備えた美しくきれいな川と湖に変えた（ＰＵＢ、２０１９）。２００６年のABC Watersプログラム開始以来、機能的な排水管から、複数の目的に役立つ適切に設計された水路まで、従来の雨水管理から、流出した水を発生源で留めて処理する持続可能な雨水管理まで、シンガポールは表流水を管理する方法を変革する道を切り開いてきた（Yau et. al.、２０１７）。ABC Watersプログラムの目的は、環境（緑）、水域（青）、コミュニティ（オレンジ）をシームレスに統合して、新しいコミュニティスペースを形成し、水域内および水域周辺での生活を向上させることである。

シンガポールは、面積７１９・２㎢、人口約５８０万人、人口密度の高い都市国家（島）である。島の中心部の小高い花崗岩の山（最大標高１６３ｍ）にダムをつくり、雨水を貯めることによって、都市部に水を供給している。ダムに雨水を貯めすぎると大雨によって都市が水害に見舞われ、その逆で貯水量を減らすと生活用水が不足する。増え続ける人口を賄うため、土地開発も必要である。２０１９年に筆者はシンガポール政府を訪問し、ＰＵＢ（Public Utility Board）の Ms. He Qihui にインタビューした（Suzuki、２０１９）。写真―５・１はそのときの記念写真である。彼女は洪水対策、上下水道、土地利用を一体化させた都市開発の実施を強調し、これら3部門における情報共有こそが、都市開発を成功させ、国を成長させるための鍵であることを話してくれた。我が国の国土交通省に置き換えると、国土政策局、不動産・建設経済局、都市局、水管理・国土保全局、道路局、住宅局などが一体となって土地利用に取り組むことを意味する。

写真―５・２はシンガポールのグリーンインフラを代表する Bishan-Ang Mo Kio Park（ビシャン・アン・モ・キオ公園）である。

かつては大雨の際、雨水が Lower Reirce ダムから Kallang 川へ流

写真－ 5.2 Bishan-An Mo Kio Park（シンガポール）

写真－ 5.1 筆者と Ms. He Qihui（PUB）

下し、洪水が都市部を襲っていた。そこで、Kallang 川の上流部に幅100mに拡幅した遊水地をつくり、ここを緑と青の公園にしたものである。普段はサイクリング、散歩、運動、蝶や野鳥観察、水遊びなどで、多くの市民が集う公園であるが、一旦洪水が発生すると、公園は一転して遊水池となって都市水害を軽減させるのである。

シンガポールでは至る所でグリーンインフラが確認できる。ほとんどの高層住宅の1階部分は浸水を想定し、オープンスペースとされており、居住スペースとしては使わない（写真―5・3）。中庭や駐車場にはバイオスウェル（緑溝）で一時的に雨水を貯め、排水路を整備して遊水池へと導いている。また鉄道は高架とし、その下には盛土された歩道と自転車道を整備し、平常時は直射日光を遮り、洪水時の避難場所とする。（写真―5・4）。都市部の屋根、壁は緑化して、雨水の流出を遅らせる。シンガポールにおけるグリーンインフラの工夫は枚挙にいとまがない。

写真－5. 4　鉄道高架下の歩道・自転車道

写真－5.3　遊水地に面したアパート

5・3　Eco-DRR（生態系に基づく減災）

Eco-DRR（Ecosystem-based Disaster Risk Reduction、生態系に基づく減災）とは、災害リスクを低減させるための生態系の持続的な管理、保全ならびに復元を意味し、持続的かつレジリエントな開発を目的としている（一ノ瀬友博他、２０２１）。一方、Eba（Ecosystem-based Adaptation、生態系に基づく適応）とは、人類が気候変動の不利な効果に適用することへの適応戦略としての生物多様性や生態系サービス（生態系の公益的機能）の利用を意味する。Eco-DRR自体は気候変動への対応に限定した生態系に基づく減災ではないが、Eco-DRR/CAA（Climate Change Adaptation、気候変動への適応）となると、気候変動への対応としてのEco-DRRを意味する（Fabrice et. al.、２０１７）。Eco-DRRはグリーンインフラの有する機能の一つである。

津波の威力を減ずるマングローブや海岸防災林は代表的なEco-DRRである。マングローブは沿岸の生態系にとって重要な存在で、魚類のエサとなる昆虫や魚類の住処を提供したり、海面に影を落として直射日光を妨いで魚介類の生育環境を安定させたりする効果や、魚介類の繁殖を助ける効果があるようである。シンガポールでは、洪水対策として河川や沿岸の護岸をコンクリートで保護するグレーインフラを推進したが、グリーンインフラの導入とともに、コンクリートを撤去してマングローブの林を復活させている。これらは津波防潮堤とは異なり、津波の侵入を阻止することはできないが、津波のエネルギーを減衰させ、陸地への津波の侵入を遅らせる。松林は潮風が絶えず砂塵を吹き上げ、背後地にある田畑に甚大な被害をもたらすのを防ぎ、後背地の生態系も保全する。河川に沿って竹や樹木を植えたり、自生の樹林を管理したりすることによって、洪水のコントロールを行う水害防備林も，Eco-DRRを目的とする森林である。Eco-DRRは先人の知恵として、古くから実践されてきたものが多い。その中から魚つき林、霞提を紹介したい。

豊かな森林が豊かな海を育むことが知られている。したがって、魚介類の生息や生育に好影響をもたらす約５８，０００haの森林を、我が国では森林法に基づいて魚つき（保安）林として指定して保護している。魚つき林は土砂の流出を防止して河川水の汚濁化を防ぎ、清澄な淡水を供給する。また、河川や海洋に窒素・リン・ケイ素・鉄（フルボ酸鉄）などの栄養素やエサを提供して生物多様性を育む。沿岸では海藻類が森林と同様に光合成によって大量の二酸化炭素を吸収しており、まさに魚つき林はEco-DRR/CAAの立役者なのである。江戸時代より、海岸近くの森林や山を「魚付林」「網付林」「網代山」などと呼び、藩によっては禁伐としていた。

図―5・1に示す霞堤は不連続かつ雁《がん》行状に築かれた堤防である。増水した際には洪水を不連続箇所から上流の遊水池へと導き、破堤による大水害を防ぎ、水害による被害を低減させる。洪水が収まると、遊水地に溜まった水は自然に流下して川に戻る構造となっている。中世に武田信玄の命により工事奉行の原昌胤《まさたね》によって実施された治水工事で採用されたことから、信玄堤とも呼ばれている。実は武田信玄は愛読した中国の書物から、戦術のみならず多くのことを学んでいる。その中に、霞堤のお手本となった四川省の治水対策があったとされている（和田、２０１５）。武田家の治水技術は、徳川家康によって全国の河川へと展開された。遊水池は湿地帯となって生物多様性を育むとともに、水田としても利用されてきた。今では多くの霞堤が埋められ、遊水地が宅地や工業団地として開発されているが、Eco-DRRあるいはグリーンインフラの重要性が高まったことから、霞提の復活あるいは積極的な適用も行われている。次節で説明する水害に強い甲府盆地のまちづ

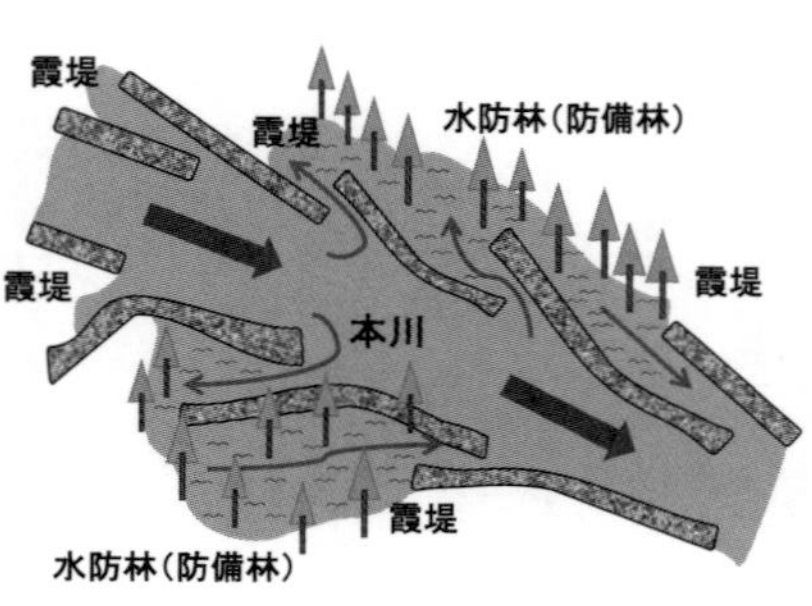

図－5.1　霞堤

くりにも、霞提を採用している。

5・4　レジリエントなまちづくり

筆者は防災を専門とする研究者である。しかし、他の防災研究者とは異なり、工学、理学、そして人文科学に至るまで、広い領域にまたがって、ハード、ソフトの両面で研究を行ってきた。また、実際の地域をフィールドとして行政機関や地区住民を巻き込んだ実証研究も手掛けてきた。したがって、国、地方自治体、大学、民間企業、マスメディア等、幅広い分野に仲間がいて、お互いに信頼関係を構築してきた。そのため声をかけると、多分野の仲間が手弁当で協力してくれるのである。

筆者は、山梨県の甲府盆地における大規模水害の評価・分析、とくに自治体や地区住民参加のもとで広域避難のための訓練、計画策定等の実証的研究に、15年間にわたって携わってきた（鈴木、２０１５、２０１６、２０１８、２０１９a、２０１９b、２０２０a、２０２０b）。また、毎年、ＮＨＫや民放のテレビ局で、特別番組の製作に協力し、コメンテータとして出演している。人口約８０万人の山梨県において、甲府盆地の浸水想定区域に39万人を超える住民が居住している。とくに盆地南部では浸水深３ｍ以上の危険区域に9・7万人が居住しており、大規模水害の発生が想定される場合は、前日に車による広域避難を開始しないと、大渋滞に陥って多くの犠牲者が出ることを示してきた。そのような水害常襲地帯であるはずの甲府盆地南部の甲府市大津に、2027年開業予定のリニア新幹線の新山梨駅が建設される予定なのである。

しかし、新駅の位置が決まった以上、これを千歳一隅のチャンスと捉え、水害対策を伴った都市開発に取組むしかないだろう。ところが、残念ながら開業まであと10年と迫った2017年の段階でも、リニア駅周辺開発のビジョンが、山梨県からも甲府市からも示されていなかったのである。そこで筆者は国土交通省の研究開発助成金を研究費として、withリニアのまちづくりの研究に着手したのであった。2019年からは、水害に強い甲府盆地推進研究会を設立し、グリーンインフラをベースとしながら、洪水をかわすまちづくりを目指すこととなった。防災工学、河川工学、都市計画、スマートシティの研究者と、建設コンサルタント、ゼネコンの土木技術者、建築家、国土交通省、山梨県、中北地域の市町から約30名が集まり、コロナ禍ではあるが、リアルとリモートのハイブリッド会議で研究会活動を推進した（Suzuki、2020）。大学の学長裁量経費や山梨県の研究助成金によって最低限要必な会議費は賄ったが、メンバーは手弁当で集まってくれた。行政職員が忌憚のない意見を出せるように、マスメディアの会議参加は認めなかったが、毎年度末にシンポジウムを開催し、成果を公開した。

図—5・2に初年度の研究会成果を代表するパースを示す。パースは甲府盆地を北から南を見て、富士山を眺望できるアングルで、50年後の甲府盆地南部を描いている。盆地西を南北に流れる釜無川に霞提を復活させ、洪水を南の遊水地へ導いている。水害の発生リスクの高い盆地の南には人は居住させず、自然ミュージアムとして水生生物や動植物と触れ合い、釣り・ボート・カヌー・バードウォッチング・自然観察・昆虫採集など体験型教育・レジャー空間としている。ヨシやアシの茂る遊水地とはまったく異なる遊水地の空間（自然

自然ミュージアムパーク
甲府盆地の水生生物や動植物と触れ合い、釣り・ボート・カ
ヌー・バードウォッチング・自然観察・昆虫採集など体験型教育・
レジャー空間となって、多くの旅行者が国内外から訪れます。淡
水水族館、植物園、スポーツ施設等が建設され、一帯が滞在型
テーマパークとなります。グリーンインフラを実践する場となって、
世界から注目される持続可能なまちを実現します。
リニア駅周辺
リニア新幹線を降りると、緑と青の別世界が広がります。建物には高床式の浸水対策が必要です。
道路・鉄道
すべて高架あるいは盛土で構築し、機能を維持します。
教育・研究ゾーン
嵩上げた安全な土地に、大学、研究所で構成された研究学園都市が形成され、多くの若者が集います。
霞堤の復活
霞堤を復活させ、溢れた水を遊水地へと導きます。
居住ゾーン
嵩上げた安全な土地に、居住誘導します。
産業ゾーン
嵩上げた安全あ土地に、豊富な水を利用する食品工場、生物、環境、防災等とAI、ICT、医療等の最先端技術の産業が集積します。
農業ゾーン
農業を体験することができます。

図—5.2　初年度に作成した50年後の甲府盆地南部イメージパース

ミュージアム）を提示したところが、本構想の一番目の特徴となっている。ここに将来移転対象となる約2・1万人が居住する。

図の中央に描かれているのは、嵩上げ地盤上に構築する教育・研究ゾーンと居住ゾーンである。想定水深3ｍよりやや浅く、表層に氾濫による軟弱地盤の堆積の少ないこの場所であれば、嵩上げ盛土が可能と判断した。さらに南側は河川氾濫による砂や泥が厚く堆積し、嵩上げには適さない。一方、図の左側に描いた産業ゾーンであるリニア新駅とその周辺エリアは、地盤が軟弱なため嵩上げには適さず、地下約10ｍの深さの砂礫層を基礎とする人工地盤（デッキ）構造とし、その上に中層建物を建設することとした。このように、浸水想定区域に洪水をかわすことのできる嵩上げ地盤と人工地盤を構築し、甲府盆地南部に水害に強い新しいまちをつくることを提案したのが、本構想の第二の特徴である。

これらの地盤データに基づいた施工検討には、ゼネコンや建設コンサルタントを含む技術者が加わった。この段階ではパースの元となる地形図は、故意に現実とは少し変えさせて架空の甲府盆地としてデザイナーに描かせ、現居住者に刺激を与えないよう工夫した上で、50年後の甲府盆地として公開した。

３年目（２０２１年度）は研究会の最終年度とし、架空の50年後の甲府盆地ではなく、実際の甲府盆地の地図上に教育・研究ゾーン、居住ゾーンを配置し、20年後の水害に強いスマートシティをできるだけリアルに描くことにした（鈴木、２０２２）。そのため、都市建築家ならびにスマートシティの研究者を主力メンバーとして加えた。まず、釜無川氾濫による氾濫流が、円滑に自然ミュージアムへ誘導され、嵩上げ地盤がその障害とならないことを、河川の専門家チームに検討してもらった。嵩上げ地盤は、かつての扇状地の地形に沿った台形と設定したが、この検討結果を反映させて、最終的に図―５・３に示すような位置に決定した。図には産業ゾーンも描いている。

ここで重要になるのが、嵩上げ地盤と人工地盤の避難場所としての役割である。嵩上げ地盤５５０haの予定地には１・４万人が居住している。嵩上げ地盤に構築する国際研究学園都市には、この居住者は優先的に居住できるとする。さらに嵩上げ地盤より南の

図－ 5.3　国際研究学園都市と産業ゾーンの配置

自然ミュージアム予定地の2・2万人、ならびにその他の薄灰色に塗った浸水想定区域を加えると、合計4・1万人の居住者がいる。これら4・1万人は、一時的に緊急避難場所として嵩上げ地盤を利用できるとともに、やはり将来は優先的に居住可能とする。その結果、甲府盆地南部に居住する合計5・5万人が居住でき、さらにリニア新駅の開業によって嵩上げ地盤につくる国際研究学園都市の大学や研究機関の学生や研究者、また産業ゾーンへ進出する新たな企業の職員やその家族を含め、10万人程度の人口の新たなまちが形成されることになる。

図―5・4に研究会の最終成果として作成した甲府盆地南部のパースを示す。このパースは南から北を俯瞰する構図で描いており、釜無川、笛吹川、荒川の位置をほぼ正確に描いている。盆地南部は自然ミュージアムとすることは既に述べたが、国際研究学園都市の西側にも遊水地の役割を担わせている。ここには

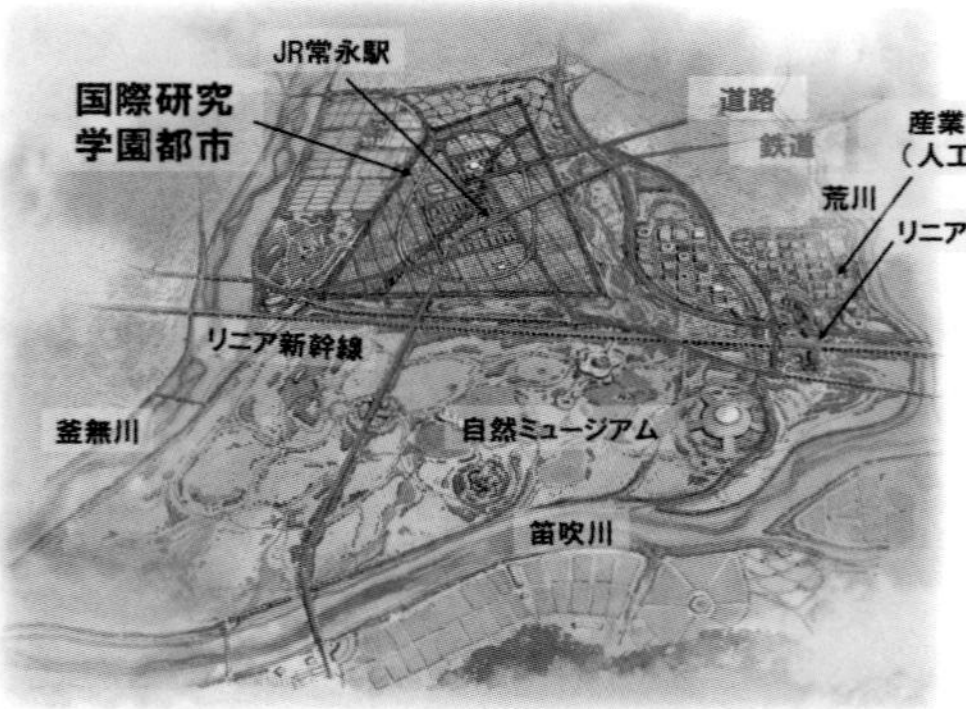

図－5.4　水害に強い甲府盆地南部のイメージパース（最終版）

洪水を遊水地へと導き、破堤を防ぐ中世の治水技術である霞提を再現しており、平常時は体験農業のための田畑として活用することを提案している。

嵩上げ地盤５５０haにつくる国際研究学園都市をクローズアップしたのが図―5・5である。この国際研究学園都市の提案が、この構想の第三の特徴である。富士山の眺望を軸線とする80m×80mのグリッドパターンの街区を基調とし、グリーンインフラを取り入れ、建物の屋上や壁面の緑化、幅70mの緑のベルト、レインガーデンやバイオスウェルによる地下水の涵養・浸透・浄化、広い公園、せせらぎをめぐらし、若者が集い、子育てがしや

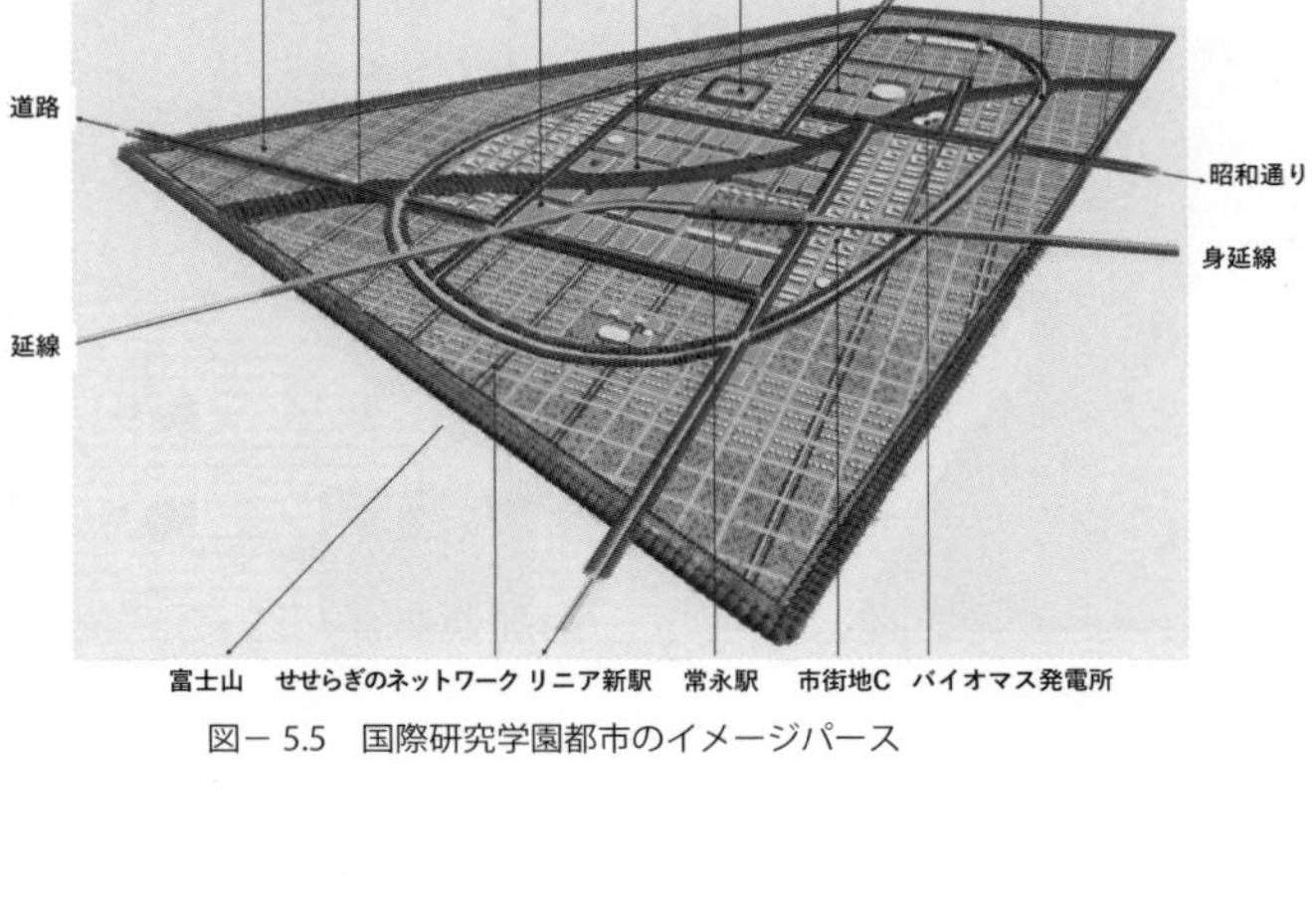

図－5.5　国際研究学園都市のイメージパース

すい、魅力的な街並みを形成している。また、環状道路を設け、内側と外側を分離している。

スマートシティは、IoTやAIを駆使したまちを目指しているのではなく、より良いまちづくりに他ならない（岡村、２０２２）。災害危険区域には必ず第一に安全を確保するための災害対策があるはずで、そこにEco-DRR、グリーンインフラを取り込んで、いかに持続可能なまちにするかが重要なのである。このことを無視した、３ｍを超えるような浸水想定区域における都市計画は、間違いなく増災につながるのである。

第6章　増災をなくすために

6・1　増災を振り返る

人類が良かれと思って行った開発や施策が、実は災害を招いてきた。すなわち、増災は人類の人口増加に伴って、ソフト、ハードに関わらず行われており、開発と災害はトレードオフの関係にあった。過去に学び、現在の増災について見つめ直し、将来の増災を予防する事前の手立て、「事前減災」について真剣に考えてもらいたい。

近年の再エネ開発による森林破壊は、もうすでに限界を超えている。砂防指定地や保安林の指定を解除してまで林地開発するほどの大きなメリットがあるとは思えない。行き過ぎた再生可能エネルギー開発こそが日本の滅亡に繋がりかねない、極めて重大な増災ではないだろうか。

我が国は既にエネルギー、食料の自給率が先進国の中で際立って低い水準に達しており、安全保障上危険な状態にある。飲料水は自給を死守しなければならない資源である。その水を育むのが森林である。カーボンニュートラルの国家目標達成に向けて、我が国は世界でも稀にみる高い買取金額のＦＩＴ制度を導入し、緩い審査基準で開発を許可してきた。その結果、投資目的の乱開発が行われ、各地で住民による反対運動が起こっている。

今こそ、これまでの増災の歴史を振り返り、ものごとのトレードオフについて、考え直さなければならない。再生可能エネルギーの開発は、化石燃料がいつかは枯渇することを考えれば、好ましいことであるのは間違いない。太陽光や風は二酸化炭素を排出しない自然エネルギーであるので、地球温暖化を遅らせて人類を滅亡から救う、と誰もが絶賛する夢のエネルギーなのだ。ところが、これまで説明してきたように、太陽光発電施設や風力発電施設を設置する場所が日本の森林となると、行き過ぎた再生可能エネルギーの開発が元に戻せないほど山を荒廃させ、里山、河川、まち、そして海を改変させる、すなわち日本列島を荒廃させるような極めて大きなデメリットをもたらすのである。

6・2　地震予知と気候変動の類似性

このような開発によるトレードオフを正しく理解するためには、政治的判断の前に、科学者による因果関係の明確化のプロセスが必要なのである。地球温暖化をめぐる世界的な二酸化炭素排出削減の動きは、かつて我が国において、東海地震の予知を前提として大規模地震対策特別措置法（大震法）に基づいた地震対策が推進されたことと類似しているのである。

大規模地震対策特別措置法は東海地震の直前予知を前提に、１９７８年に制定された法律で、甚大な被害が生じると予想される地域を地震防災対策強化地域として指定し、地震の発生が切迫する状況になった場合、内閣総理大臣が強化地域での様々な社会活動を制約する警戒宣言を発することを定めている。さらに、そのために必要となる地震観測体制の整備や、事前の地震防災体制、警戒宣言発令時の対応なども定めている。阪神淡路大震災と東日本大震災を経て、法整備や観測研究が進捗し、結果として、大震法そのものが矛盾を抱えることになってきた。地震学会をはじめ、決定論的な地震予知は「現時点では非常に困難」との見解が示され、政府も２０１３年に「確度の高い予測は難しい」との報告をまとめ、２０１７年に「警戒宣言が前提とする確度の高い予測はできない」との判断を下した。

１９６２年に東京大学名誉教授の坪井忠二先生らで構成される地震予知計画研究グループが「地震予知　現状とその推進計画」（通称、ブループリント）をまとめて発表し、地震予知のための経済的援助の必要性を強調した。研究計画は実施計画と名前を変え、地震学者は地殻変動や地震活動の観測のために年間70億円の研究予算を確保できるようになった。また、研究者と政治家との思惑と利害関係の一致により、静岡県を中心とする県知事や代議士、さらに東海地域に地盤を持つ自民党の代議士も、東海地震に備えるための公共工事の必要性を提言した。その結果、地震研究関連予算よりも2桁も多い1兆円以上の公共工事が、東海地域に重点配分されることとなった（ゲラー、2011）。

若手の研究者によってスロースリップ（通常のプレート境界地震よりもはるかにゆっくりとしたプレート間の滑り現象）が確認され、この現象の解明が地震予知につながると期待された。小松左京が1973年に発表した著書「日本沈没」では、スロースリップを観測する田所博士が登場する。この著書がベストセラーとなり、映画化されて多くの国民に知られたことも、地震予知を後押ししたのかも知れない。2021年に『日本沈没―希望のひと―』というTBS系列のテレビ番組「日曜劇場」でドラマ化され、放送されたので、ご存知の方も多いであろう。

筆者は、東京大学のゲラー教授が地震予知は不可能と訴え続けていたのを、複数の学会で聞いたのをよく覚えている。また筆者には東京大学地震研究所に著名な地震学者の友人が何名かいた。彼らに「地震予知はできますか？」と必ず質問するようにしていたが、全員が「できません」と即答したのをはっきりと記憶している。地震予知につながる有力な研究成果は出なかったが、研究者は潤沢な研究費を継続的に確保するため、地震予知は不可能とは言えなくなったのである。ただし、我が国の地震研究が大いに進展したのは事実である。しかし、まだまだ地震学には未知な部分が多く、発生を予知するレベルに到達できるものではないのである。政治家もマスメディアの記者も地震学の素人である。したがって、地震予知のメカニズムを知ることなく、東海地震によって発生する被害を強調し、国民を煽り、特措法を制定し、多額の公共投資が行われたのである。警戒宣言が発せられることなく巨大地震が発生し、無防備な多くの国民が犠牲にならなったことが不幸中の幸いと言える。

地震予知と同様に、国連、ＩＰＣＣ（気候変動に関する政府間パネル）ならびにパネルに参加する１９５の国と地域、グローバル環境産業、環境活動家、環境研究者による利害の一致が、ここまで世界を動かす再生可能エネルギーの開発を推進してきたのではないだろうか。その推進の源となっている気候変動について、科学者が透明性を確保してしっかり議論し、国民に伝えるリスクコミュニケーションが必要不可欠な状況となっている。二酸化炭素排出削減は良いことであるが、その推進策である行き過ぎた再生可能エネルギー開発が引き起こす悪いことを、長期にわたって評価し、国民に公表すべき時期に来ていると思うのである。「地震は予知できる」も「人為的な二酸化炭素排出が地球を温暖化させている主因である」という仮説も、十分に科学的な検討がなされないまま、政治主導で推進されている点が、規模は違うけれども同じ構造を有していると思うのである。

6・3　国土利用計画法の本来の目的とは

国土利用計画法は、公共の福祉を優先させ、自然環境の保全を図りつつ、地域の自然的、社会的、経済的及び文化的条件に配意して、健康で文化的な生活環境の確保と国土の均衡ある発展を図ることを基本理念として、昭和49（１９７４）年に制定された。昭和47年に総理大臣となった田中角栄は日本列島改造論を発表した。これを機に、急速に国土開発が進められ、土地が高騰したり、環境問題が顕在化したりすることとなった。そこで、国土の適正利用により住みよい地域社会を形成するため，国土に関する総合的行政を図ることを目的として、国土利用計画法を所管する総理府の外局として国土庁が設置された。残念ながら国土庁は、２００１年１月に廃止され、現在、同計画法は国土交通省が所管している。

国土計画利用法は第10条で、関係行政機関に土地利用基本計画に即して個別法のゾーニングや開発行為の許可等を行うことを要請している。つまり、土地利用の総合調整を行うため、諸法律による地域指定・開発行為の規制等の土地利用上の諸措置を総合調整する上位計画として土地利用基本計画を機能させ、土地利用の総合調整を図ることとされたものである。個別法には都市計画法、建築基準法、農業振興地域の整備に関する法律、農地法、森林法、自然公園法、自然環境保全法等があり、「土地利用の規制に関する措置」とは、都市計画法上の開発許可、農地法第4条又は第5条の農地転用許可、農業振興地域の整備に関する法律第15条の2の開発許可、同法第17条の農地等の転用の制限、森林法第10条の2の開発許可、自然公園法及び自然環境保全法の許可又は届出等がある。つまり、国土利用計画法は、国土利用に関わるすべての個別規制法の上位に位置づけられた法律なのである。

国土利用計画は国が国土利用計画（全国計画）を作成し、都道府県は全国計画を基本として都道府県の区域内における国土利用の方向を示すものとして国土利用計画（都道府県計画）を作成し、さらにこれらと整合性のとれた国土利用計画（市町村計画）を市町村が策定することになっている。しかし、すべての都道府県は計画を策定しているが、多くの市町村が計画未策定となっているのが現状である。平成27年8月に策定された第五次全国計画では、人口減少下における国土利用のあり方として「適切な国土管理を実現する国土利用」、「自然環境と美しい景観等を保全・再生・活用する国土利用」、「安全・安心を実現する国土利用」の３つを基本方針とし、国土の安全性を高め、持続可能で豊かな国土を形成する国土利用を目指す、としている。

例えば山梨県では「土地の特性に応じた適切な県土利用」、「自然環境と美しい景観等を保全・再生・活用する県土利用」、「安全・安心を実現する県土利用」の３つを基本方針とし、県土の安全性を高め、持続可能で豊かな県土を形成する県土利用を目指すものとしている。都道府県の多くは、都道府県計画に土地の特性に応じた適切な県土利用等の項目を設け、「大規模太陽光発電施設などの再生可能エネルギー関連施設の設置に際しては、周辺の土地利用状況や自然環境、景観、防災等に特に配慮する。」という一文を入れている。山梨県の制定した太陽光条例は、この県土利用計画に従って、太陽光発電施設の設置を条例で規制するものと位置づけることができる。したがって、この条例に対して事業者が訴訟を起こしたとしても、訴訟を問題なく退けるができると考えるのである。富士河口湖町の開発条例も、富士河口湖町土地利用計画は作成されていないものの、県土利用計画に沿って開発を規制するもので、土地利用計画と同等と見做すことができる。

6・4　国土利用基本法の必要性

平成24年7月に再生可能エネルギーの固定価格買取制度が開始されたのを契機に、太陽光発電の普及が進んでいるが、地域によっては、土砂流出や濁水の発生、景観への影響、動植物の生息・生育環境の悪化などの問題が生じている。そのため、太陽光発電設備等の適正な設置と自然環境との調和を図るため、その設置等を規制することを目的とした単独の条例を制定する自治体は少なくない。地方自治研究機構（2022）によれば、令和4年12月時点で都道府県条例は6条例、市町村条例は202条例である。都道府県条例は、兵庫県、和歌山県、岡山県、山梨県、山形県及び宮城県の6条例である。市町村の202条例を都道府県単位で制定市町村数の多い順に見ると、長野県が24、静岡県が22、茨城県が17、宮城県及び栃木県が11、北海道及び群馬県が10、埼玉県が9、和歌山県が7、岐阜県、京都府、兵庫県及び岡山県が各6、愛媛県及び高知県が各5などとなっている。首都圏周辺の自治体で多く制定されているが、条例制定の動きは、全国各地の自治体に広がってきている（地方自治研究開発機構）。ところが、全国で再生可能エネルギーの開発が都道府県や市町村の条例に基づいて審査され、不認可となった例を筆者は知らない。山梨県では条例制定＝原則として野立ての太陽光発電施設は設置できないので、事業者は新規事業から完全に撤退している。

地方公共団体が再生可能エネルギー開発の規制条例を制定したにもかかわらず、条例が効果を発揮することなく、多くの太陽光発電施設の設置が認可されている現状がある。経済産業省資源エネルギー庁は、かつて再生可能エネルギー開発における関連法として、森林法、農地法、建築基準法に則して計画することをホームページ上で求めており、国土利用計画法は関連法令として挙がっていなかった。２０２２年に公開された再生可能エネルギー発電設備の適正な導入及び管理のあり方に関する検討会による提言（案）でも、農地法、宅地造成等規制法、砂防三法（砂防法、地すべり等防止法、急傾斜地の崩壊による災害の防止に関する法律）、電気事業法、環境アセスメント法のみであり、国土利用計画法は挙げられていない。

国土利用計画法が土地取引における届出のための法律と化しており、本来の個別規制法の上位の法律としての役割を果たしていないからであり、その理由は国土利用計画法の所管が総理府から国土交通省国土政策局に移行し、総理府や内閣府のように内閣総理大臣が担当する省庁でなくなったからではないだろうか。すべての上位に位置する国土利用において安全を確保するための基本法が不可欠である。個別対策に個別法の改正を行うことほど、非効率的なことはない。そのために、多くの国民が犠牲となり、多くの住民の反対活動があり、議員が汗をかく。こんなことを繰り返してはならない。災害対策基本法と同様に、改めて内閣府が所管する法律として、国土利用基本法を制定することが不可欠と考えるのである。

6・5　トレードオフの研究に予算を

日本の大学の研究者には、文部科学省から運営費交付金として研究費が配分される。しかし、その金額は大学によって異なるが、年間で一人数十万円程度である。この程度の研究費では、研究室の学生のPCやプリンタ、コピー用紙等の経費すら賄えない。各教員には、日本学術振興会の科学研究補助金という競争資金の獲得が求められる。大学もその獲得に向けて、研究者の申請書作成支援を行い、間接経費の獲得を目指している。その他、文部科学省をはじめとする中央省庁の競争資金、各種財団、企業の研究助成を獲得し、自分自身の研究費、研究室の運営費を賄っている。獲得の努力をしなければ、研究費は誰も与えてはくれない時代である。

科学研究補助金は、大学の教員による審査委員会によって、研究のテーマと内容、計画より有望な研究の選考が行われるが、他の競争資金の場合は研究テーマがある程度決まっており、研究者の実績、研究の着眼点や研究手法が優れており、成果が期待できるものが選定される。どちらにしても、現在の政府の目指す方向、我々のような科学、工学の分野では、科学技術基本計画及び科学技術・イノベーション基本計画に沿った内容であることが求められる。第６期科学技術基本計画の「はじめに」の一部を切り出すと以下のようになる。「大気中のCO_2やメタンガスの増加、更にプラスチック流出等による海洋汚染を生み出し、異常気象や気候変動、海洋生態系への影響といった地球の危機を作り出している。これこそ『人新世』の現出という仮説が示す世界的な課題の認識である。このようなグローバル課題への貢献と国内の構造改革という両軸を、どのような政策で調和させることができるのか。第６期基本計画に求められているのは、そのための政策的創案である」。

つまり、異常気象や気候変動、海洋生態系への影響といった地球の危機に対して、その実態調査、予測、影響評価、対策ならびにその推進方法が、競争資金の主要なテーマとなるのである。一方で、人為的な地球温暖化の主因ではないことを証明するために科学的根拠を見出す研究や、対策やその推進方法がもたらす悪影響、すなわちトレードオフについて追及する研究は、期待されていないので、応募申請してもまず採択はされないのである。通常の研究者は、トレードオフの研究すら思いつかず、必死になって競争資金の主要テーマに、自身の研究内容をシフトしていくのである。

日本の大学教員は優秀である。増災の様相を、俯瞰的かつ長期的な視野で推定できる高い研究能力を有する多くの教員がいる。森林学、生態学、地質学、地盤工学（土砂災害、斜面の安定性）、河川工学、海岸工学等の研究者が、現地調査、室内実験、数値シミュレーション等を用いて増災について俯瞰的に研究する分野を育んでほしい。大規模な林地開発において諮問する森林審査会や、環境アセスメントにおける環境配慮書について諮問する環境影響評価専門委員会に、土木工学を専門とする有識者が参加するケースは少ないようである。太陽光発電や風力発電事業では、土砂災害に対する懸念事項が多い。台風の通過する尾根に建設される風車の耐風設計では、森林科学や生態系に対する影響も重要であるが、がけ崩れや土石流発生や、山から海までの影響を評価できる専門家の目が必要であり、関係する分野の研究者が共同で取組み研究分野の醸成が必要なのである。

6・6　エネルギー、食料、水の安全保障も大切な減災対策

これから起こることが心配される災害に、飢餓がある。地球温暖化は食料生産にとっては好都合であるが、ここでいう飢餓とは一時的ではなく、永続的、慢性的な食糧不足のことである。何を言っているのか。ここは発展途上国ではなく日本だぞ、と笑う人もいるかも知れない。ロシアのウクライナ侵攻によって、エネルギー資源を海外に依存する我が国では、世界で原油、天然ガス、石炭などの化石燃料の奪い合いが起こり、電気代が高騰して人々の暮らしを圧迫している。小麦などの食料の流通が滞り、多くの品目の食料品が物価高に陥っている。輸送コストが上昇し、ほとんどすべての物価が高騰し、さらに高騰することが予想されている。したがって、資源や食料を海外に依存する我が国は、エネルギー、農業において脆弱な構造にあることに、多くの国民が気づいているはずである。

農林資産省の発表によれば、令和3年度の食料自給率はカロリーベースで38%、生産額ベースで63%である。自給率は小麦が7%、大豆が3%、牛肉38%、豚肉49%、鶏肉

68%、そして最優良の食料が鶏卵で97%である。しかし、東京大学の鈴木宣弘教授は、種苗、肥料、飼料等をカウントすると、牛肉11%、豚肉6%、鶏卵12%と試算している（鈴木宣弘、2021）。もちろん、我が国は戦争に巻き込まれれば、兵糧攻めによってすぐに陥落するひ弱な国なのである。しかし、紛争当事国でなくとも、後述するパキスタンのように発展途上国の人口が増え続けると、世界のエネルギー、食料が不足し、我が国は輸入による食料の調達ができなくなるのである。敵地攻撃可能なミサイルの導入も必要であろうが、シェルターとなる地下施設もなく、兵糧も不足して、国民が餓死するようなことでは、国民を守ることができるとは思えない。ミサイル導入の前に早急に食料自給率を上昇させるための予算措置が必要ではないだろうか。

米国ラトガース大学が5段階で核戦争の被害を試算し、核攻撃による死者よりも「核の冬」による餓死者のほうが多くなるという研究成果を発表した。この研究によれば、5段階のうちもっとも小規模な想定でも、局地的な核戦争が勃発した場合、核攻撃による死者は約2、700万人だが、「核の冬（核爆発によって大気中に巻き上がる煤や煙が太陽光を遮り、地球規模で気温が低下する現象）」による食糧生産の減少と物流停止による2年後の餓死者は2億5、500万人で、そのうち日本の餓死者は7、200万人（全体の６割）になると推定している。米ロ全面核戦争が勃発した場合、世界の死者は３・６億人、餓死者53億人、そのうち日本の餓死者は１・２５億人で全滅という結果である。核の冬でなくとも、地球が寒冷期に入ると、同様な結果となるのは言うまでもない。世界的な飢餓が起きた場合、世界の餓死者は日本に集中するということである。日本は世界でもっとも食料安全保障が脆弱な国であり、それゆえもっとも飢餓のリスクが高い国である。核戦争が起きなくても食料生産の減少や物流停止が起きれば、日本は飢餓に陥るということと、食料生産の減少と物流停止のリスクは現実に高まっていると鈴木宣弘教授は強調する（鈴木宣弘、２０２２）。

エネルギーや食料が不足する理由は、有限の地球の資源に対して、人口が増え過ぎたことに他ならない。どんなに省エネを実施したとしても、人口が増えればその分だけエネルギー需要が増え、それに伴って二酸化炭素排出量も増えるのである。例えば、フェアトレード・カーボン・クレジットという制度がある。この制度では、発展途上国の農村の住民が気候変動への対策プロジェクトを実行すると、その結果として達成した二酸化炭素排出削減量がカーボン・クレジットとして販売される。これを先進国の企業などが購入することにより、企業側は排出量分をオフセットし、農村側はその売上で更なる気候変動への対策を継続することが可能になる、とされている。発展途上国の農村では森林伐採をやめ、化学肥料を購入して効率的な食糧生産を行って暮らしは豊かになり、先進国の企業は二酸化炭素排出を続けられるので、一見すると両者はウィンウィンの関係である。しかし、農村で人口が増えるので、食料、エネルギー不足が発生し、農村では森に入って伐採を再開するのではないだろうか。結局、エネルギーも食料も不足し、二酸化炭素排出量も削減できないのである。

我が国が自給率１００％を死守しなければならないのは飲料水である。そのためにまず、水源の涵養機能を有する保安林を管理し、開発行為を禁止することである。海外企業による森林開発の参入を許さず、事業者による地下からのミネラルウォーター採取を管理しなければならない。温泉水の枯渇が顕在化しているが、ミネラルウォーターも取り過ぎれば枯渇するのである。当然、ここにも海外の事業者を参入させるべきではない。

前述のように我が国は食料や飼料を輸入に依存している。食料や飼料の生産には海外の大量の水（バーチャルウォーター）が使用されているので、我が国は実は水の輸入国なのである。したがって、エネルギー、食料、水の安全保障が、大切な事前減災対策と言えるのである。

第7章　気候変動と自然災害

7・1　人為的な二酸化炭素排出による気候変動と増災

我が国の多くの国民は、マスメディアの報道を通して、二酸化炭素排出を抑制し、ゼロカーボンとすることが、地球温暖化を抑制する唯一の手段であると考えるようになっている。２０２２年６月に国連広報センターは「ＳＤＧメディア・コンパクト」に加盟する日本のメディア有志とともに、メディアの力を通じて気候変動対策のアクションを呼び掛けるキャンペーン「１・５℃の約束 ―いますぐ動こう、気温上昇を止めるために―」を立ち上げた。以下に同センターのホームページに記載されている文章を記述しておく。

２０２１年11月13日、世界各国は新たな決意を表明しました。それは「世界の平均気温の上昇を産業革命以前に比べて１・５℃に抑える」というもの。気温上昇は、猛暑・豪雨・干ばつなどの異常気象、生物多様性の喪失、食料不足、健康被害、貧困、強制移住など、私たちの暮らしに様々な影響をもたらします。すでに１・１℃上昇しているので、プラス０・４℃で抑えなければなりません。そして、そのためには世界のCO_2排出量を２０３０年までにほぼ半分に、２０５０年ごろに実質ゼロに、さらにメタンなどその

他の温室効果ガスも大幅に削減する必要があります。これまでと同程度の取組みを、できる範囲でやっていればどうにかなる。そんなことは、もう言っていられないのです。

人為的な温室効果ガス排出が人類を滅亡させるような地球の気温上昇を招いているのだとすれば、これこそが世界的な増災と言え、何よりも人為的な温室効果ガス削減を優先させなければならないだろう。事実、欧米諸国は、化石燃料を減らし、再生可能エネルギーとして風力発電、太陽光発電等の再生可能エネルギーに大規模な投資をしてきた。我が国も２０２１年の菅元首相によるカーボンニュートラル宣言によって、二酸化炭素排出削減のアクセルを思いっきり踏み込み、急加速している。つまり、世界は正しい事前減災活動を実施していることになる。

しかし、筆者は防災の専門家として自然災害に関連する統計データを記憶している限り、猛暑・豪雨・干ばつなどの異常気象が増えているという科学的根拠を見たことがないのである。夏季になると地域における最高気温更新について報道されるが、これも都市化によるヒートアイランド現象によって説明できなくもない。またヒートアイランド現象がゲリラ豪雨（局所的な記録的短時間大雨）を発生させているのは、研究によって明らかになっている。豪雨や干ばつが発生するなど、広域な地域に発生する異常気象が、偏西風の蛇行によって説明されるケースもある。また、アフリカで発生している大水害は、増加した人口が本来は雨季に浸水しやすい危険な場所に集落をつくって住むようになり、また低地に建設された道路が冠水し、地域が孤立させることによって被害を拡大させているという調査結果も知っている。

そこで、本章では、自然災害に関する統計データを提示し、近年の自然災害の発生状況について台風を例にとって紹介する。また、気候変動の影響とされているパキスタンの水害についての筆者の見解を述べる。全球気候モデル、地球の気温と温暖化、地球における二酸化炭素の循環等、筆者が地球の気候について理解するために学んだことを、まとめている。理系でない読者にも理解していただけるように、できるだけ解説をつける配慮をしたので、読んでいただきたい。

7・2　気候変動と自然災害の関係

近年は防災に関するマスメディアの意識が高くなり、日本を含む世界のマスメディアが自然災害について活発な取材・報道を行っている。防災の専門家としては、国民の防災意識向上に役立っているので本当に感謝している。ただし、気候変動と自然災害と関連づけた報道には、明らかに誤りがあるのは事実である。筆者も多くの学生に、住民に、防災対策に取り組んでもらいたいがために、誇張してお話ししたことがあるように思う。例えば、私の論文は以下のような文章から始まめるようになっていた。"Abnormal weather caused by global warming has brought about unprecedented torrential rain, causing heavy rain disasters in various parts of Japan."（地球温暖化による異常気象が未曾有の豪雨を発生させ、日本各地で豪雨災害が発生するようになった）。

平成29年九州北部豪雨、平成30年7月豪雨（西日本豪雨）、令和元年台風19号、令和2年7月豪雨など、記録的短時間大雨や24時間で累積1、000㎜を超える局地的な大雨が降り、鬼怒川（写真―7・1）、千曲川、球磨《くま》川、最上川などの国土交通省直轄河川の氾濫、まちの大部分が浸水する大規模水害など、とにかく異常気象による豪雨災害が多発した。したがって、気候変動のせいで、豪雨の規模も頻度も急激に増えているように思うのである。

図―7・1は全国のアメダス観測点において、時間50㎜以上の

写真－7.1　2015年9月関東・東北豪雨による鬼怒川の氾濫

「非常に激しい雨」あるいは80㎜以上の「猛烈な雨」の観測回数の推移を示している。この図を用いて、多くの研究者が、気候変動により短時間大雨が増えていると説明している。確かにトレンドでは、時間雨量50㎜の発生回数は、45年間で1・4倍程度に増加している。

一方、図―7・2は日本の年降水量の推移を、1991～2020年の30年平均値からの偏差として、示したものである。両図ともに、気象庁がまとめたものである。気象庁は、1900年頃から現在までの日本の年降水量に、長期変化の傾向は認められないとしている。5年の移動平均を示す黒の実線を見る

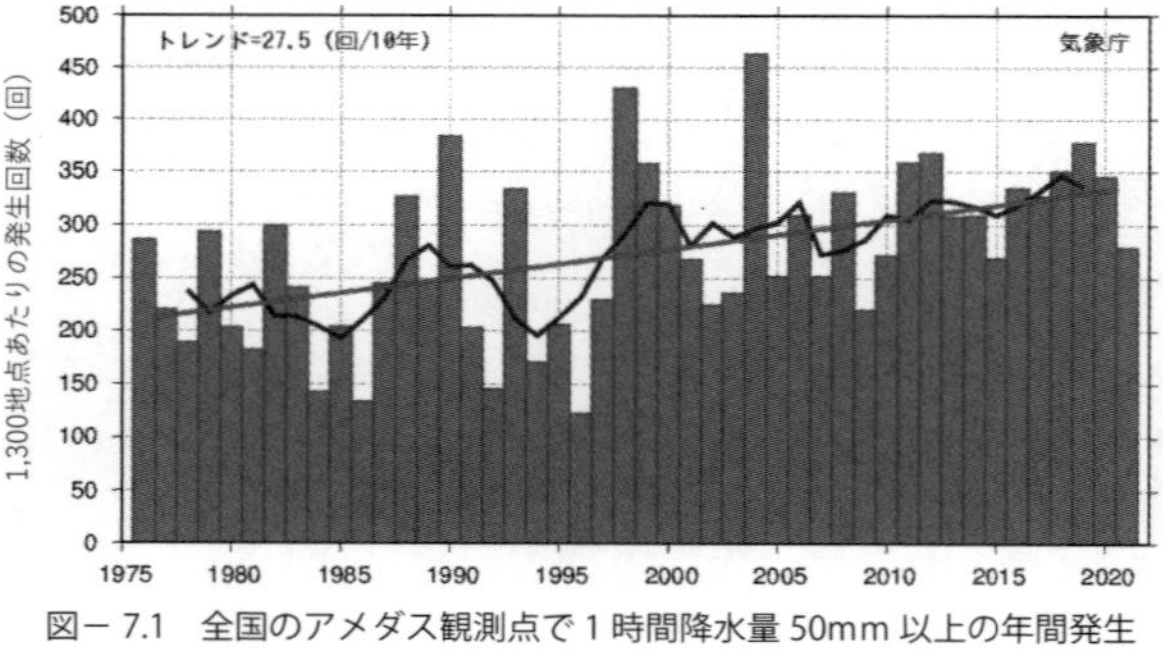

図－7.1　全国のアメダス観測点で1時間降水量50mm以上の年間発生回数（出典：気象庁）

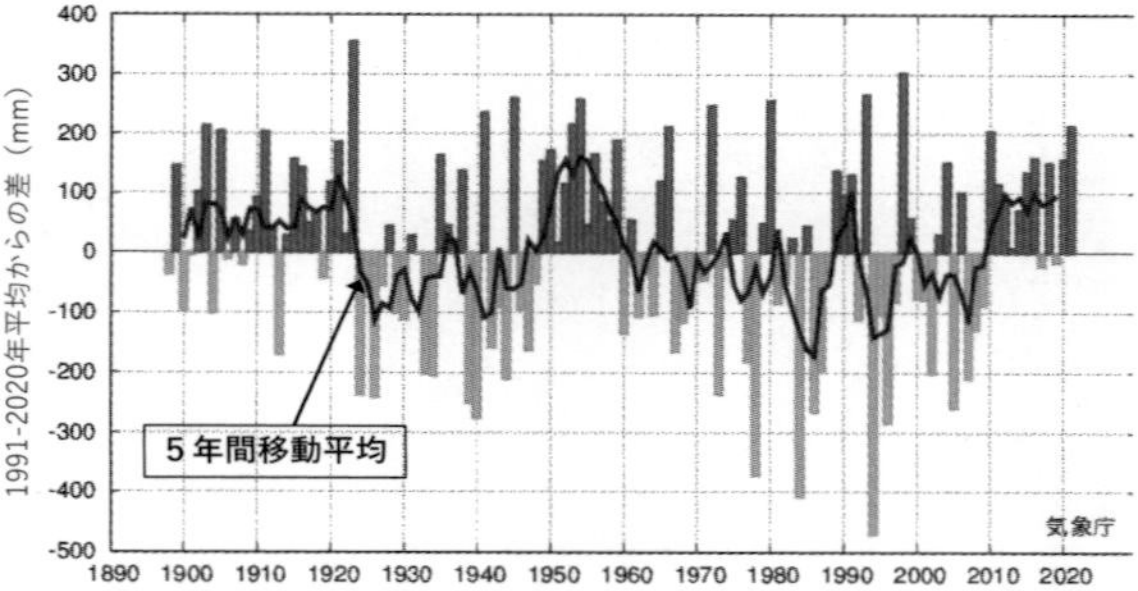

図－7.2　日本の年間降水量偏差（出典：気象庁）

と、50年〜60年の周期運動があるようにも見える。このように、我が国の年降水量に長期変化の傾向がないとすれば、短時間大雨の増加は、気温増加ならびに都市化によるヒートアイランド現象により局地的に積乱雲が発生して発生するゲリラ雷雨が影響しているのかも知れない。

例えば２０１４年から２０１９年までの５年間、日本への台風の上陸回数は、それまで平均２・７回／年に対して、すべて４回以上、平均４・７回であった。２０１８年から２０２０年に筆者は台風上陸回数が大幅に増えたことを、授業や講演会、研修会で強調した。しかし、台風上陸回数は２０２０年で０回、２０２１年で３回、そして２０２２年で３回であった。図―７・３に示す通り、やはり台風の上陸回数は年３回程度で、これまでと変わっていないので

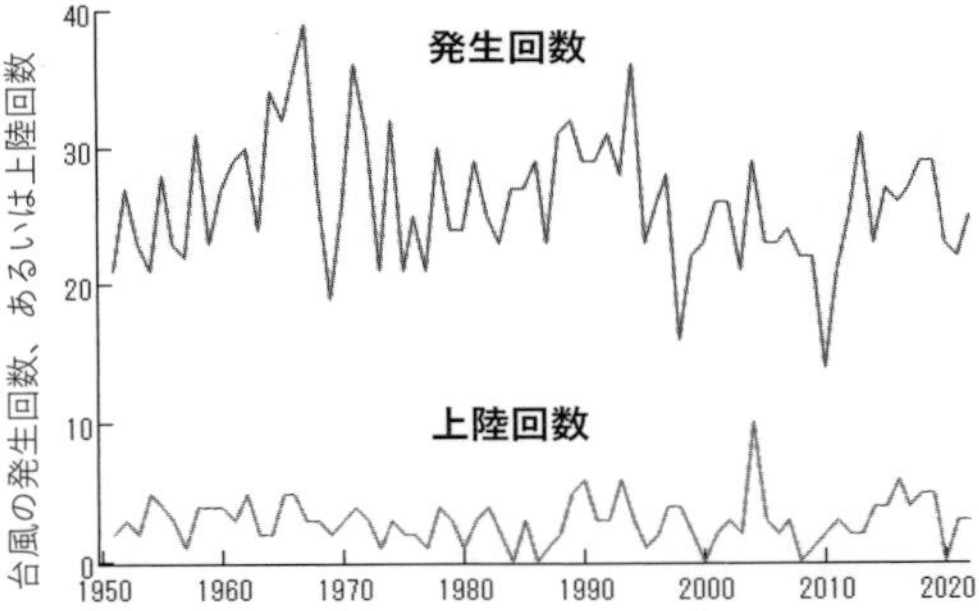

図－7.3　台風の発生回数ならびに上陸回数の推移

ある。台風の発生回数も同様で、１９８５年からほとんど変わっていない。図―7・3をよく見ると、台風の発生回数はむしろ若干減少傾向にある。

台風の大きさは風速15m/s以上の風が吹く半径、台風の強さは最大風速で表すが、これらの台風の勢力と関係づけられるのが上陸時の台風の中心気圧であり、気圧が低いほど勢力が大きい。我が国でもっとも犠牲者が多かった（５、０９８人）台風は、昭和34年伊勢湾台風（台風15号）であり、その上陸時の中心気圧は９２９hPa（ヘクトパスカル）であった。これは我が国観測史上４番目に低い中心気圧で、観測史上トップは昭和９年室戸台風で９１１hPa、第2位は昭和20年枕崎台風で９１６hPa、そして第3位が昭和34年第二室戸台風で９２５hPaである。令和3年台風19号でも上陸直前の中心気圧は９５５hPaであり、近年、観測史上1~3位の台風の勢力を超えるような台風は上陸していない。つまり、地球の温暖化とともに日本に上陸した台風の勢力は大きくなってはいないのである。ハリケーンについても同様な結果が示されている。

7・3　パキスタンの洪水は気候変動のせいと言い切れるのか

パキスタンでは2022年6月以降にモンスーンによる豪雨と深刻な熱波に続き、氷河の融解の影響で大規模な洪水が発生した。この洪水は、地球温暖化の影響を象徴するように世界で報道された。パキスタンの国土の3分の1が冠水し、人口の15%にあたる3,300万人が被災し、死者は1,100人、負傷者は3,500人を超えていると報告されている。国連総会でも、パキスタン、アフリカの角（ソマリア、エチオピア、ケニアなど）、サヘル、小さな島々、開発途上国等、世界でもっとも弱い立場にある人々が、地球温暖化や気候危機の原因である二酸化炭素等の温室効果ガスの排出量が多い国々の強硬姿勢のために、恐ろしい代償を払っている、と警鐘を鳴らしている。

パキスタンを流れる川と言えば、インダス川である。ヒマラヤ山脈北部にある標高約5,500mのカイラス山脈から発するインダス川は、ヒマラヤ山脈とカラコルム山脈の間を北西方向へ流れ、途中でパキスタンに入ると南方向へ向きを変える。この過程で氷河から流出した水による川と合流している。インダス川は、全長約3,000km、流域面積約116万km²の国際河川である。そのおよそ9割がパキスタンを流れている。パキスタンの大部分が乾燥地帯であるため、人々は水を求めて川の付近に居住しており、実に人口の80%以上がインダス川流域に住んでいるという。つまり、インダス川の水は、パキスタンの農業・工業・生活用水として欠かせない存在なのである。

奥本ら（2015）によれば、昨今のインダス川上流における過剰な取水により、下流とりわけ河口部のデルタ地域には被害が出始めている。例えば被害の一つとして、河川によってもたらされる養分の減少があげられる。それまで川の流れによって運ばれてきたシルト(砂と粘土の中間的な粒径の土)がもたらしていた養分が注ぎ込まなくなったことが、大きな要因となっている。また、インダス川の水量が減少したことによる海水の遡上がある。インダス川からの淡水の海への流入の減少の結果としての海水遡上は、生態系や人間の経済活動に影響を与えている。農業、漁業、生活、そして生態系にまで影響が出ている。1892年には1、850億㎥（立方メートル）だった水量が次第に減少し、1990年代にはその7%弱となる123億㎥にまで減少している。この減少理由としていくつか考えられるが、最大の理由は、灌漑農業による取水であると考えられている。

インダス川流域にはパキスタンの人口の80%が集中している。図―7・4に示すように、1980年に約8千万人だった人口が、右肩上がりに増え続け、2022年には

2億3千万人を超えているのである。40年間で1億5千万人増え、約3倍になったのである。その増加した人口のほとんどは、インダス川流域に居住した。インダス川の氾濫原の洪水浸水想定区域に1億5千万人が新たに居住したことが、3、300万人もの人が被災した大きな要因であることは明らかである。熱波によって源流のチベット高原の氷河が溶けて河川の水位が上がっていたところに、モンスーンが訪れたのである。つまり、パキスタンの水害を大きくした要因は、気候変動だけではなく、急激に増えた人口の多くが、水害の危険に暴露されてしまったことも大きいのである。

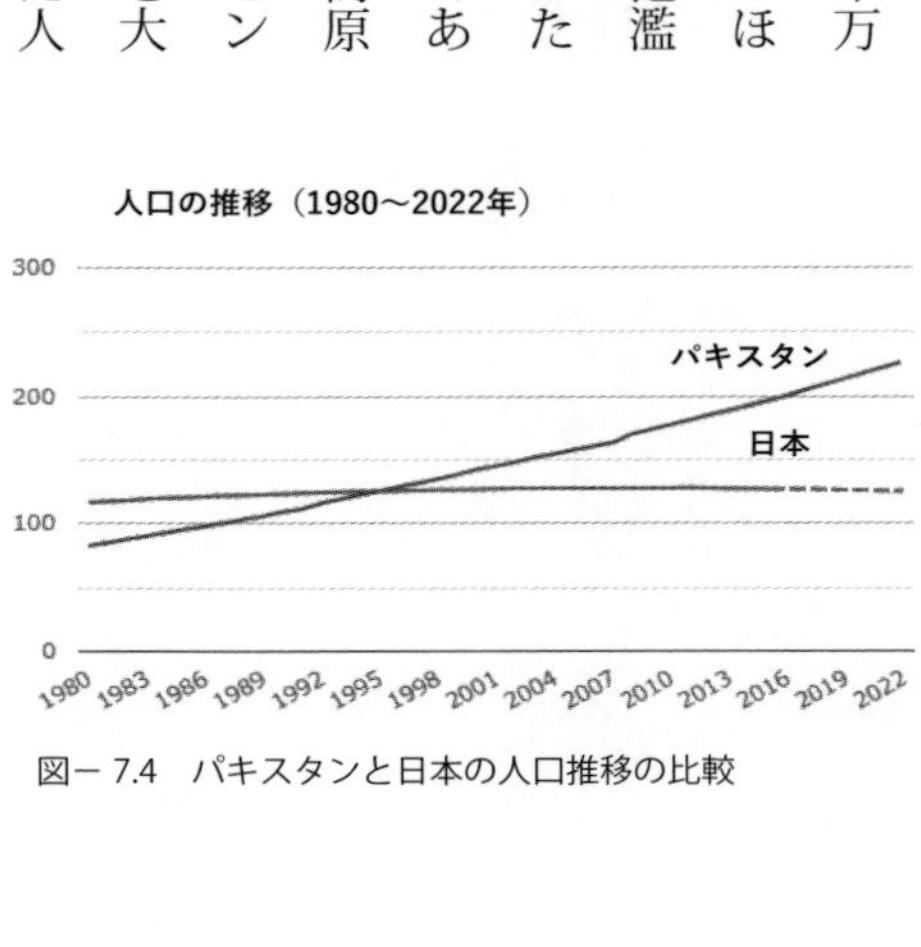

図ー 7.4　パキスタンと日本の人口推移の比較

7・4　地球の気候変化の歴史

そもそも現在の気温上昇は異常なのだろうか、読者の皆さんは素朴な疑問を抱かないだろうか。現在の気温を理解するためには、過去の地球の気候がどうだったのか、調べる必要がある。私は学生時代に地質学に興味を持ち、大学院で工学部でありながら理学部地質学教室のご出身の指導教員のもとで、応用地質学を学んだ経験がある。したがって、縄文時代には現在よりも３℃程度気温が高く、東京湾の海水位が現在よりも６ｍ程度高く、東京湾は埼玉県川越市や茨城県古河市あたりまで海が入り込んでいたこと（縄文海進）を知っていた。さらに、約10万年の周期で氷河期～間氷期のサイクルが繰り返され、現在は間氷期の終わりであることも学んでいた。これらのことを、皆さんとデータに基づいて確認してみたい。

図―７・５は古気候学者の川端」（２０２０）がまとめた過去２万年の水温変動を示している。図の右と左で、横軸も縦軸も異なっているので注意を要する。紀元前２万年から紀元前５千年にかけて、海水温が低下する寒冷期を挟んで、大陸氷床が解け、水温が最大で25℃まで上昇した。こ

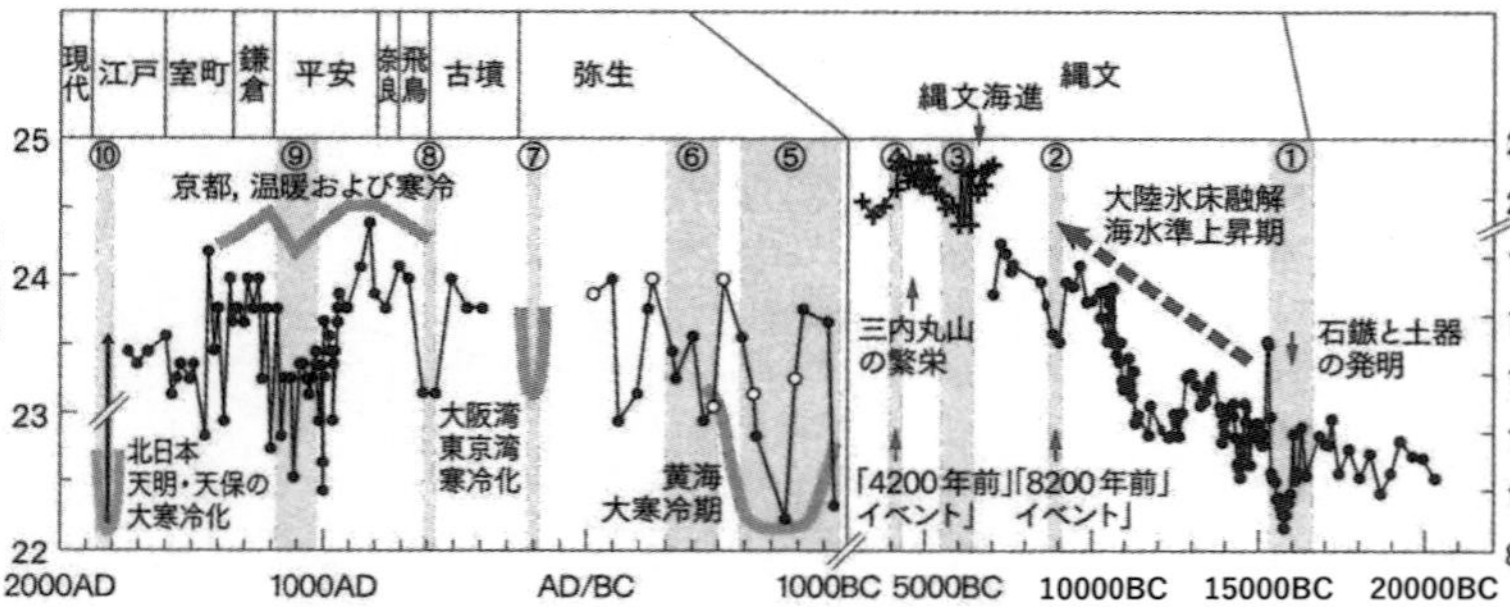

図－7.5　過去２万年の水温変動（出典：川端穂高）

の時期が、前述の東京湾で海進があった年代である。図中の薄く塗られた①〜⑩は一時的に気温（水温）が低くなる寒冷期を示す。とくに同氏が強調するのは縄文時代の③〜④の寒冷期に挟まれた「気候最適期」で、三内丸山《さんないまるやま》が興隆した時期であるとしている。温暖化のおかげで食べ物が豊富に手に入るため、縄文時代の生業である狩猟採集を発展させ、木の実や魚などの特定の食物を採取して、居住する本拠地に持ち帰って貯蔵するようになったのだそうだ。三内丸山では、温暖な気候を利用して栗の半栽培を行ったとされている。半栽培とは、計画的な農耕と野生植物の採集の中間に位置づけられ、野生植物の手入れ、移植などを施した栽培である。つまり、温暖化によって、三内丸山の人々は豊富に食べ物を確保でき、定住を可能とする大規模集落での生活を獲得したということである。2℃の気温低下を伴う④寒冷期の到来によって、栗の半栽培ができなくなり、大規模集落の暮らしはもとの狩猟採取型へと戻り、三内丸山の人々は青森周辺の森の中で何とか生き延びたらしい。

縄文時代の日本の人口は、早期に2万人、前期に約11万人、そして中期に最多の約26万人になった。この中期には動植物が増加し食料も豊富になり、東日本の人口密度は狩猟採集の社会としては世界最高レベルであった。その後、気候は寒冷化して、人口は約8万人とピーク時の3分の1に減ったと記述されている。

図―7・5の左に注目すると、江戸時代は極小期とよばれる寒冷の時代だったことがわかる。政治的には江戸幕府によって治められた安定期だったが、何度も寒冷気候によって凶作となり、飢饉が発生して、百姓一揆が繰り返された。最後の⑩はいわゆる天明の大飢饉、天保の大飢饉が発生した最後の寒冷期である。東日本では3千年間で最も気温の低かった時代と言われ、日本の人口が3、100万人から3、000万人へと約100万人減少した。

7・5　地球の気候と太陽光

人為的な温室効果ガスによる地球温暖化（気候変動）が通説とされるまでは、太陽の活動による太陽光放射エネルギーが、地球の気候を左右しているというのが定説であった。太陽の表面には黒点があり、黒点の数が周期的に増えたり減ったりしている。黒点が多く存在するということは、太陽の表面で爆発が次々に発生し、膨大なエネルギーが地球まで降り注いでいることを意味している。その結果、地球はより多くのエネルギーを受け取るので温暖になるという理屈は理解しやすい。また、太陽の動きと地軸の変化と気候の相関関係について仮説をたて、地球規模の大きな気候変動が何万年かの周期で繰り返していることを、１９２０年代にセルビアの地球物理学者・ミルティン・ミランコビッチが数学的に解明した。この周期のことはミランコビッチ・サイクルと呼ばれ、後の研究で正しいことが証明されている。

イギリスのロンドンで牧師の息子として生まれたエドワード・マウンダーは、グリニッジ天文台に就職し、本初子午線《ほんしょしごせん》（経度０度の基準となる子午線）を定めたジョージ・ビドル・エアリー（George Biddell Airy、１８０１〜１８９２）台長のもとで、太陽写真の撮影に取り組んだ。マウンダーは太陽の表面に現れる黒点の観測・撮影を繰り返すうち、黒点の量が年によって増減することを発見した。マウンダーは１８７７年から１９０２年までの25年間、太陽上に黒点が表れた位置を細かく記録し、グラフにまとめて発表した。彼のグラフによれば、黒点の個数は11年周期で増減を繰り返し、太陽の極から赤道へと出現場所が移動する。このグラフはちょうど横を向いた蝶のように見えるため「蝶型図」と呼ばれている。マウンダーは、過去の太陽活動についても調べたそうだ。彼はグリニッジ天文台に残されていた17世紀から18世紀の太陽活動の記録を調べ、１６４５年から１７１５年までの70年間、黒点の出現頻度が目立って少なかったことを発見した。通常なら30年間で４～５万個の黒点が観測できるのに、わずか50個しか現れなかった。この70年間は、マウンダーの名から「マウンダー極小期（Maunder Minimum）」の名で呼ばれている。「マウンダー極小期」における太陽活動の低下は、中世の地球で平均気温が低下し、世界中が冷夏と厳冬に陥った理由と考えられている。

図―７・６にマウンダーの調べたデータを含めた４００年間における太陽の黒点数の推移を示す。みごとに11年の周期で黒点数の増減が繰り返されていることがわかる。我が国では、マウンダー極小期は江戸時代に相当し、極小期のやや前後となるが、徳川家光が将軍であった頃の寛政の大飢饉（１６４０～１６４３）、徳川吉宗が将軍であった頃の享保の大飢饉（１７３２）という２つの飢饉が有名である。また、天明の大飢饉の際も、ダルトン極小期（Dalton Minimum）と呼ばれるやや太陽の黒点数の少ない時期だっ

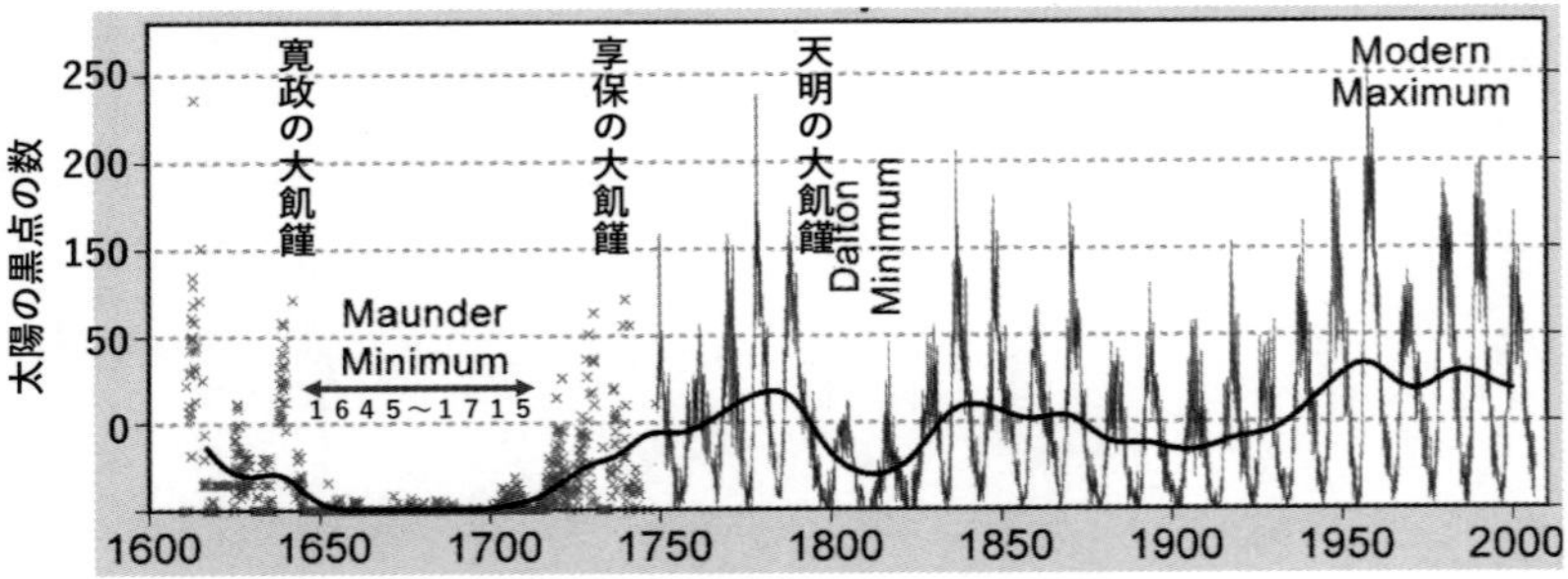

図－ 7.6　太陽の黒点数の推移

たことがわかる。もちろん、飢饉は寒冷のための凶作が原因であった。

7・6　地球は温暖化に向かっているか

図―7・7は、1890年以降の平均気温の変化を気象庁がまとめたものである。縦軸は気温の偏差、すなわち、1991年～2020年の平均気温の値からの差を示している。ただし、都市による気温の変化の差が大きいので、移動平均と言って、その年の気温偏差を前後の5年間で平均をとる、という操作を行った結果の移動平均偏差に変換された気温である。つまり、かなり均された気温の変化を示している。図が示す通り、地球の気温は確かに上昇傾向にあり、地球は温暖化

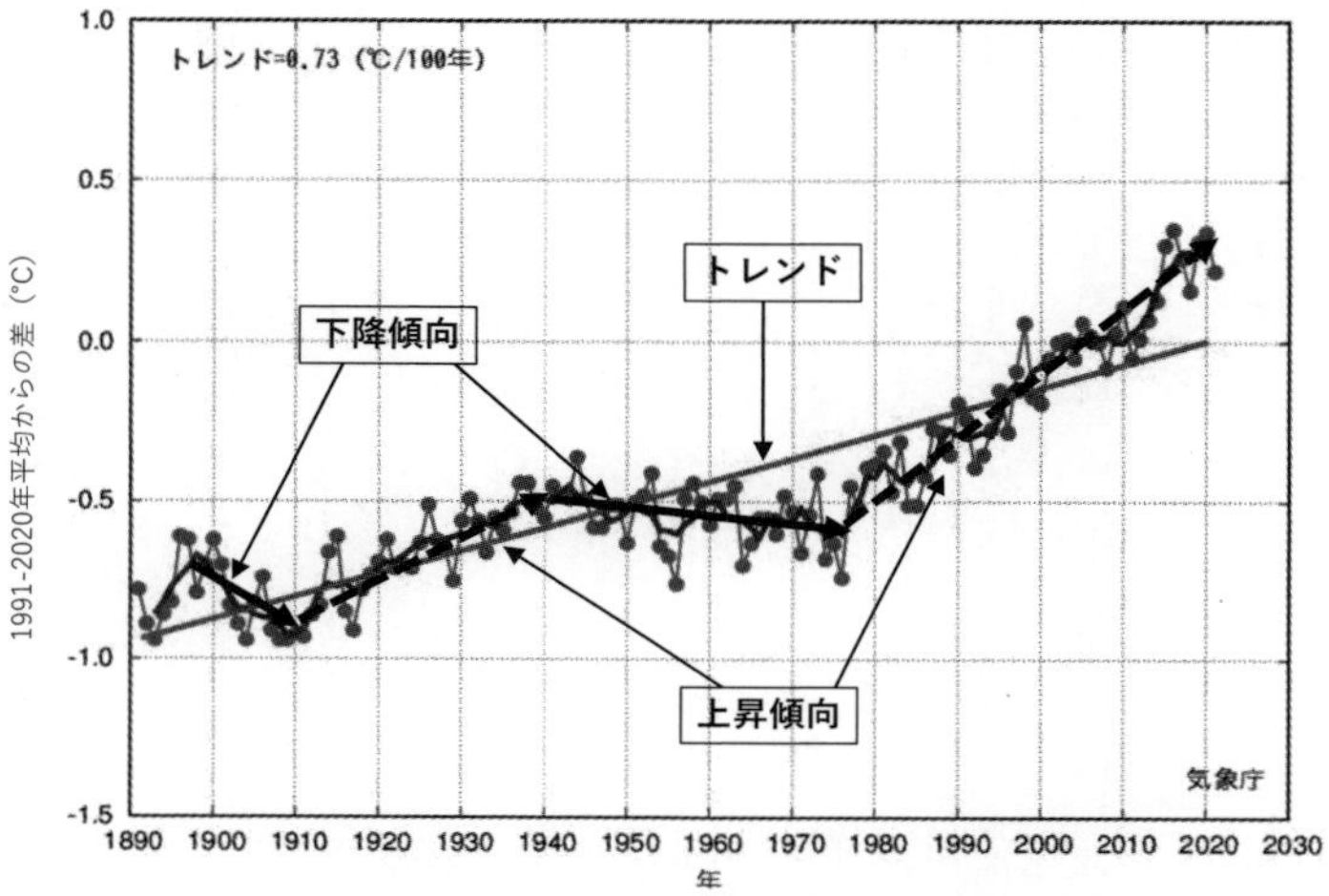

図－7.7　世界の年平均気温偏差の推移（気象庁の図を一部改変）

の傾向にあることがわかる。トレンドは図示されているように、１００年で０・７３℃の気温上昇のスピードである。さらに、図をよく見ると、10年程度の周期で気温の上昇、下降が繰り返されていることも分かる。

１９００年から１９１０年に至る約10年間は気温が下降傾向にあるが、その後１９１０年から１９４０年までは気温上昇に転じ、１９４０年から１９８０年にかけての約40年間は気温がまた低下しているのである。１９８０年頃から気温が上昇に転じ、これまでよりも上昇率の高い傾向が続いており、ＩＰＣＣはこの急激な気温上昇について人為的な活動によってしか説明できないとしており、人為的な二酸化炭素排出がその主要因とする所以となっている。

二酸化炭素排出量は１９００年頃から直線的に増加し、１９５０年から急激に増加した。したがって、気温は上昇を続けるはずなのである。ところが、１９００年から１９１０年に至る約10年間、１９４０年から１９８０年にかけての約40年間の気温低下をどのように説明するのであろうか。とくに後者の期間は、人為的な二酸化炭素排出量の増加が著しいのである。

７・７　人為的な二酸化炭素排出と地球温暖化

気候変動枠組条約締約が１９９２年5月に採択され、１９９４年３月に発効した。大気中の温室効果ガス（二酸化炭素、メタンなど）の濃度を安定化させることを究極の目的とし、本条約に基づき、１９９５年から毎年、気候変動枠組条約締約国会議（ＣＯＰ）が開催されている。また、各国政府の気候変動に関する政策に科学的な基礎を与えることを目的とした政府間組織として、１９８８年に世界気象機関（ＷＭＯ）及び国連環境計画（ＵＮＥＰ）によってＩＰＣＣ（気候変動に関する政府間パネル）が設立された。ＩＰＣＣには２０２２年12月現在、１９５の国と地域が参加している。ＩＰＣＣは世界中の科学者の協力の下、出版された文献に基づいて定期的に報告書を作成し、気候変動に関する最新の科学的知見の評価を提供している。

ＩＰＣＣの第一作業部会（ＷＧ１）が気候システム及び気候変動の自然科学的根拠についての評価を行っている。ＷＧ１は２０２１年の第6次評価書の中で、図―７・８に示す二酸化炭素累積排出量と気温の関係図を提示している。

図の横軸は二酸化炭素（CO_2）累積排出量であり、大気中の二酸化炭素濃度ではないことに注意されたい。縦軸は世界の気温であり、おそらく１８９０年の気温に対する変化を示している。この図は、気温上昇を1・5℃に抑えるシナリオから気候政策を導入しないシナリオまでの5通りのシナリオにおいて、二酸化炭素累積排出量と気温の関係を示している。ただし、気温はあくまでもコンピュータによる解析結果であり、解析は全球気候モデルという気候変化を表現する数理モデルに基づいている。シナリオ毎に計算結果の変動幅は大きいが、二酸化炭素排出量が増えるほど気温は上昇するという予測結果となっている。

大気中の二酸化炭素の15%から40%は最大2、000年間にわたって大気中に残留し、その後に大気、陸域生物圏、海洋の間で新たなバランスが確立されるとされている。つまり、二酸化炭素排出量が少々変化しても、二酸化炭素濃度が大きく変動することなく増え続けるのである。ところが、実測値である500Gt

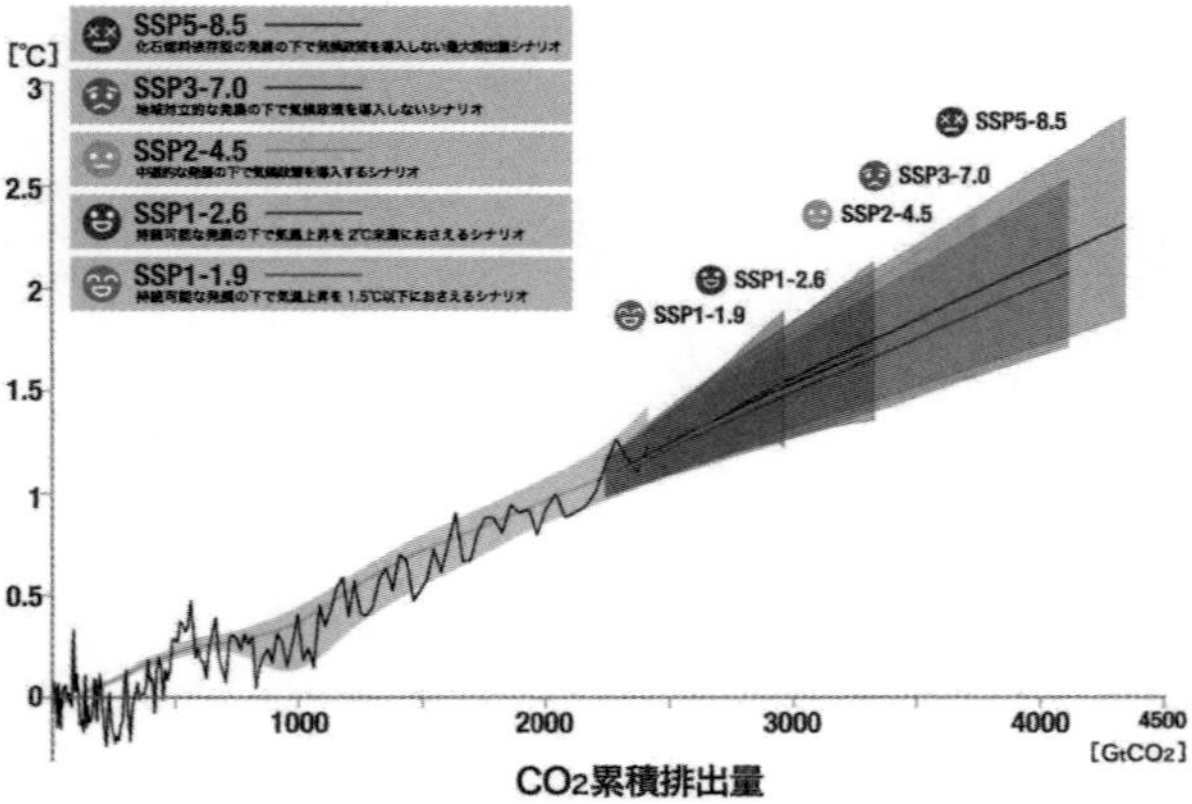

図－7.8　二酸化炭素排出量と気温の関係（IPCC第6次評価報告書（WG1））

から1、000Gtまでの範囲は、二酸化炭素累積排出量が増えているにもかかわらず、気温は低下しているのは気になる。この気温低下は、前述の1940年〜1980年における気温低下の時期に相当していると思われる。1980年以降は気温がほぼ一定のスピードで上昇を続けており、全球気候モデルはその延長上での予測を行っているようである。

7・8　地球内での二酸化炭素の循環

そもそも二酸化炭素は地球のどこにどれだけ存在し、年間にどのように循環しているのであろうか。図—7・9は、海洋、人間活動、土壌、森林と大気との間の二酸化炭素の循環を、IPCCの第5次報告書(2014)に基づいてNTT宇宙エネルギー研究所が作成したものである。図の上に記載されている161・6億トンが1年間で大気へ残留する二酸化炭素である。人間の

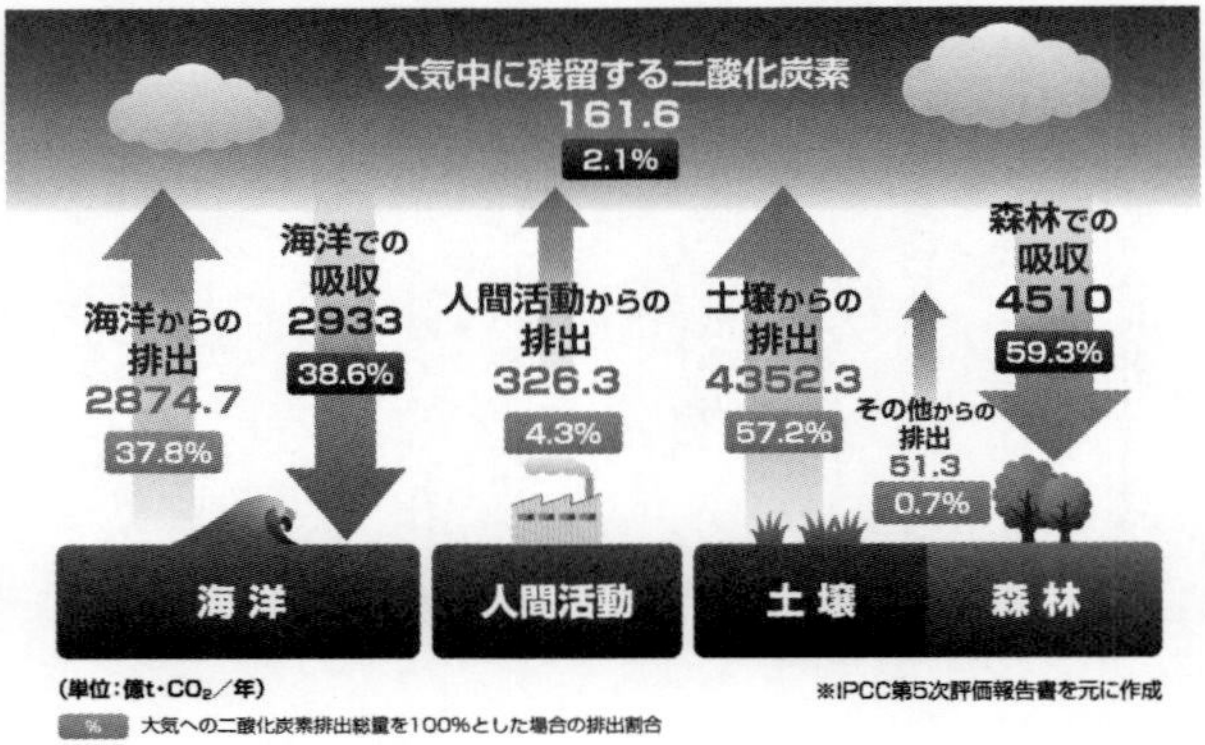

図－7.9　1年間の二酸化炭素の循環（出典：NTT宇宙エネルギー研究所）

活動による二酸化炭素排出量から判断すると、２０１５年の二酸化炭素排出量３２６億トンを用いて、第５次報告書で提示された排出量の割合（％）に応じて配分を行い、ＩＰＣＣの報告書の％表示を億トン表示に変換したものと思われる。

人間活動による二酸化炭素排出量は全体のわずか４％程度にすぎず、57％の４、３５２億トンが土壌から排出されている。これは人間活動による排出量の12倍を超える。国立環境研究所の寺本（現鳥取大学）（２０１７）は同研究所のＨＰ上に、「地球温暖化で土壌から排出される二酸化炭素の量がどれほど増えるのか」の寄稿の中で、Bond-Lambertyら（２０１０）が『Nature』誌で発表した論文を引用し、土壌から排出される二酸化炭素の量は、地球規模では年間約３、６００億トンと推定していることを紹介している。

土壌から二酸化炭素が発生する原因の一つとして、植物の根の呼吸（根呼吸）が挙げられる。植物の根も新陳代謝を行っており、酸素を取り込んで二酸化炭素を排出している。もう一つの原因は、土壌の中の微生物である。微生物は、落ち葉や枯死根、倒木などの有機物を取り込み、分解して、二酸化炭素を排出しており、この活動を微生物呼吸と呼び。微生物呼吸は、土壌から発生する二酸化炭素のうち、７割程度に相当すると考えられており、温度上昇によって指数関数的に増加するという特徴があるという。

二酸化炭素の森林による吸排出量、土壌からの排出量、海洋での吸排出量の算定には、誤差が20〜30％あり、人為的な二酸化炭素排出量の算定制度との差が著しい。地球全体の96％を占める自然要因の循環を、人間活動と同様な精度で見積もることはできておらず、研究の途上と言える。なお、ＩＰＣＣの報告書によれば、１９８０年以降の気温上昇を人為的な二酸化炭素排出のみによるとすると、二酸化炭素の排出量１兆トンあたり1・6℃の気温上昇となるらしい。なお、２０２２年における世界の人為的な二酸化炭素排出量は、３３８億トン程度である。

7・9　全球気候モデルによる気温予測

前出の全球気候モデル（Global Climate Model、ＧＣＭ）とは、ウィキペディアによれば、気候モデルのうち、大気・海洋・陸地・雪氷などの変化を考慮して、流体力学・力学・化学・物理学・生物学などの方程式を用いて地球の気候を再現し、気候の変化を表現する数理モデルを指す総称、と説明されている。このモデルを用いたコンピュータ解析によって、二酸化炭素排出による地球温暖化の予測が行われている。ＩＰＣＣが地球の温暖化は人為的な二酸化炭素排出が主因とする根拠となっているのだ。したがって、全球気候モデルを用いた解析結果が、世界を脱炭素社会へと誘導しているという意味で、その社会的影響は極めて大きい。

全球気候モデルを世の中に送り出したのは、ノーベル賞受賞者の眞鍋淑郎博士である。真鍋博士は、世界で初めて地球温暖化の数値計算を行い、複雑な気象システムを分かりやすく解明し、現在の気候研究の基礎を構築した。真鍋博士は著書の中で、全球気候モデルの最大の功績は、複雑な気候現象の予測、理解が可能となったことであり、いくつものシナリオに基づいたシミュレーションを行うことによって、気候現象が説明できるようになったこと、と記している(真鍋、ブロコリー、2022)。

スティーブン・E・クーニン(2021)の解説によれば、気候モデルのメッシュは、陸地では100km×100kmの正方形の平面グリッド上に、薄い20~30のグリッドボックスを積み上げる3次元メッシュが一般的だそうだ。海を覆う場合は10km×10kmの平面グリッドの上に高さ方向に最大30のグリッドボックスを積み上げて作成する。その結果、グリッドボックスは大気で100万個、海洋で1億個程度になる。そんな粗いメッシュかと思われるかもしれないが、それでも10分間隔で30年後の気候を解析するのに、スーパーコンピュータを使っても2週間はかかるのだそうだ。スーパーコンピュータを使って解析を行った経験のある筆者としては、現在ではこれが限界だろうと思う。このグリッドを分割したサブグリッドの中で、物理学の基本原則や気象観測に基づいた仮説を立てる。気候モデリングでとくに不確実性の大きいのは雲の扱い（仮説）にあるという。雲は人間活動による二酸化炭素排出と同じくらい太陽光や熱の流れに影響を与えるわけであるが、実現象としての雲をシミュレーションで再現するのは、非常に難しいと言われている。そのため、各パラメータのチューニング（調整）が欠かせない。

チューニングとは、現実の現象を再現できるようにパラメータを調整する、ということである。気候、気象現象には未解明な要素が多く、不確実性が高い。したがって、多くの数理モデルが存在し、各研究チームは研究成果を適用させたそれぞれのモデルによるシミュレーションを行っている。このようにシミュレーション実験を繰り返すことによって、現象を説明する各パラメータの数値範囲や感度を知ることは、地球の気候のメカニズムを解明する上で、極めて重要であることは認める。ＩＰＣＣの報告書に掲載されている気温予測はこのように、異なる数理モデルを用い、二酸化炭素排出条件を変えて行った多くのシミュレーション結果を平均して示されたものである。クーニンによれば、このシミュレーションには、将来の太陽の黒点活動などの放射強度や火山噴火の影響はほとんど考慮されていない。

全球気候モデルは天気予報に適用されている。出かける直前にスマホのアプリを使って、天気予報を確認する方も多いだろう。高解像度ナウキャストによる天気予報を用いて30分の外出に折り畳み傘を持って出かけるかどうかを判断すれば、まず外れることはない。気象庁は全国20箇所に設置した気象ドップラーレーダの観測データを利用して、250m解像度で降水の短時間予報を提供している。高解像度降水ナウキャストは、気象庁、国土交通省、地方自治体が保有する全国の雨量計のデータ、ウィンドプロファイラ（地上から上空に向けて周波数30～1200MHz〈波長約10～0・25m〉の短波、超短波の電波を発射して、大気中の風の乱れなどを観測するドップラーレーダの一種）やラジオゾンデ（気球に取り付けて飛ばし、高層大気の気温・湿度・気圧などを測定し、測定値を無線で地上に送信する装置）の高層観測データに加え、国土交通省のレーダー雨量計のデータも活用し、降水域の内部を立体的に解析して、250mメッシュの解像度で、降水分布を30分先まで予測しているのである。したがって、高解像度降水ナウキャストによる30分の天気予報は、まず外れない。

ところが、不安定な気象条件下では3日後の天気予報はあてにならないし、前日に予報が急転することさえあるのは、皆さんもご存知の通りである。さらに、前日夜と今朝の天気予報が大いに異なることも、我々はしばしば経験する。したがって、雨雲レーダーにより外出時間の雨雲の動き確認し、自分自身でイベントの実施、雨具の準備等を判断する必要がある。全球気候モデルによって天気予報の精度を大幅に向上させたが、高密度な地上ならびに高層の観測記録による補完がなければ、まだ翌日の天気予報を正確に予測できるレベルには至ってないのである。

7・10　地球温暖化に及ぼす自然と人間活動の影響を比較する議論

杉山（2022）は、Connollyら23名の気候学者（2021）による査読論文に掲載された図―7・10を、次のように解説している。IPCCの報告では、20世紀に起きた地球規模での気温上昇は、そのほとんどが二酸化炭素等の温室効果によるものだとしている。しかし、これは太陽活動の変化がほとんどなかったとするデータセットに基づいている。一方、別のデータセットを用いると、太陽活動は大きく変化しており、地球温暖化の大半はそれで説明できてしまう。図の左側(a)から(d)は、太陽活動に大きな変化はなかったとするデータセットに基づいている。一方、図の右側(f)から(h)は、大きな変化があったとするデータセットである。

(a)は１８８０年から２０２０年までに都市と郊外の両方で観測された気温、(b)は(a)のうち人間活動と自然の影響を抽出したもの、(c)は太陽と火山噴火による気温の解析結果、そして、(d)は(b)から(c)を除いた人為的な影響のみによる気温を示している。太陽活動の変化が殆どなかったとするデータセットに基づいているため、気温変化はほとんど人間活動による、との結論である。

一方、(e)は(a)から都市の観測データを取り除いた郊外のみの気温（ヒートアイランド現象を除いたもの）、(f)は人間活動と自然の影響

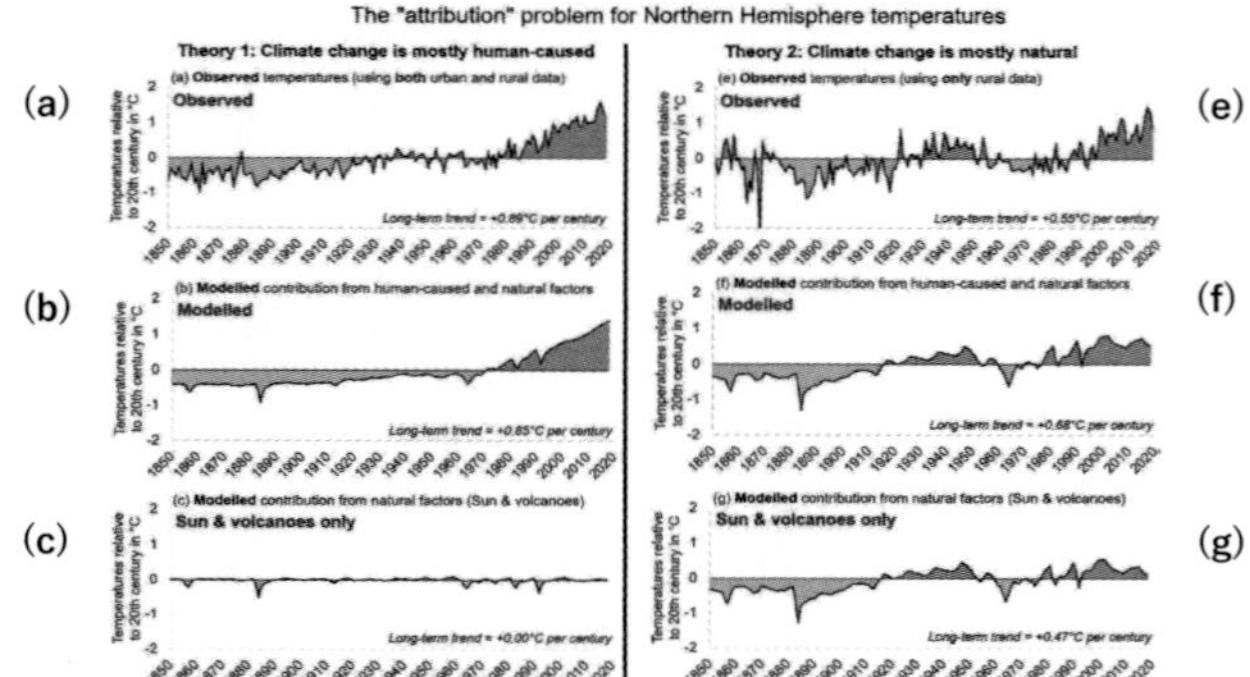

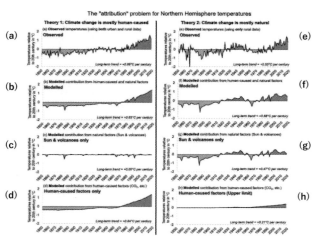

図－ 7.10　地球の気温変化のシミュレーション結果の比較（左の (a) ～ (d)：太陽活動に大きな変化がなかった場合、右の (e) ～ (h)：太陽活動に大きな変化があった場合）

を抽出した気温の解析結果、(g)は太陽と火山噴火による気温、そして、(h)は(f)から(g)を除いた人為的な影響のみによる気温上昇を示している。ＩＰＣＣの報告書では、(d)の人為的な気温が１８８０年から１９７０年までマイナスとなっており、理解しがたいのだが、(h)の人為的な気温は、二酸化炭素濃度の上昇に伴って上昇しており、合理的である。このように、太陽活動の大きな変化はなかったものとする(a)から(d)の結果は、科学の議論として偏っている、と同論文は非難している。ＩＰＣＣによる地球の温暖化予測には、30年後の地球の気候における太陽の活動はあまり反映されず、火山噴火による寒冷化もないものとして、人間活動による温室効果ガス排出が地球温暖化に与える影響に注目していることは事実のようである。しかし、例えば１９９１年のフィリピンのピナトゥボ火山の噴火では、約2、０００万トンの二酸化硫黄（SO_2）が成層圏に注入され、地球の温度を最大１年間にわたって約０・５℃低下させた事実があり、決して無視はできないのである。

Worrel（２０２１）は、Connollyら気候学者の査読論文に対して、「CO_2ではなく太陽が地球温暖化の背後にある可能性があることを研究が発見」とうタイトルで、記事を書いている。信頼できるデータセットを追加することによって、人為的な温室効果ガスが地球温暖化の脅威とする結論は異なる結論になったであろうと主張している。全球気候モデルについては、その高度さがゆえに、筆者を含め多くの読者は理解できないかも知れない。しかし、図―7・10のように明確に異なる解析結果を見せられると、地球の温暖化は太陽活動の影響が大きく、人為的な温室効果ガス排出による気候変動ではない、と思われた方もいるだろう。

図―7・11は80万年前から現在までの南極大陸の気温と大気の二酸化炭素濃度の推移をまとめたものである。気温と二酸化炭素濃度は明らかに正の相関があり、約10万年周期（11万年）で繰り返される氷河期と間氷期の気温に対応して変動している。ただし、気温も二酸化炭素濃度も、南極の氷床からの氷に閉じ込められたわずかな空気の成分分析より得られたものであり、それが1980年以降の精度の高い実測記録と重ね合わされていることに注意されたい。

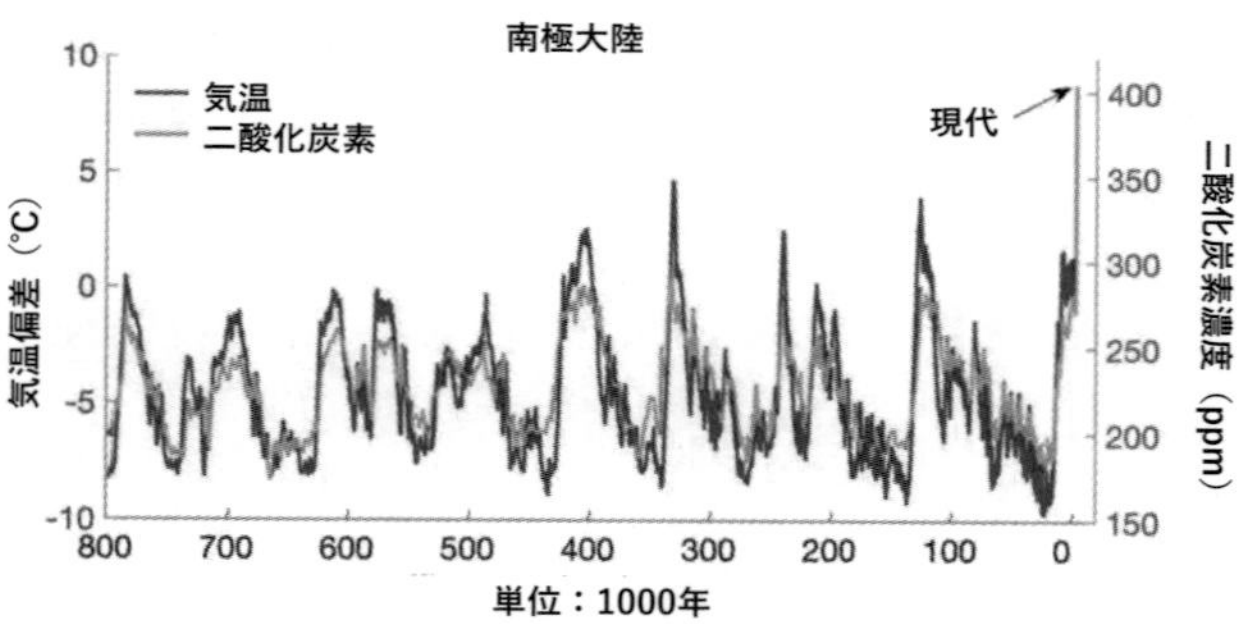

図－7.11 過去80万年の気温と二酸化炭素濃度の関係

7・11　ＳＤＧｓの矛盾

２０１５年９月に開催された国連サミットで「持続可能な開発のための２０３０アジェンダ」が採択された。このアジェンダは、２０１５年から２０３０年までの長期的な開発の指針であり、「誰一人取り残さない」持続可能で多様性と包摂性のある社会の実現を目指している。そのために、２０３０年を達成期限として定められたのがＳＤＧｓであり、「17の目標」と「１６９のターゲット（具体目標）」で構成されている。

ＳＤＧｓは発展途上国のみならず，先進国自身が取り組むユニバーサルなものとされており，日本は積極的に取り組んでいるが、諸外国では我が国ほどは注目されていないようである。我が国ではマスメディアに大きく取り上げられ、行政も企業もＳＤＧｓに関するキャンペーンを大々的に展開しているので、ＳＤＧｓを知らない人はいないほど我が国では浸透している。貧困、飢餓、健康と福祉、教育といった発展途上国の課題を解決することの重要性については、筆者は容易に受け入れることができる。ところが、７番目の「エネルギーをみんなにそしてクリーンに」と15番目の「気候変動に具体的な対策を」の２つの目標を組み合わせ、先進国の間では再生可能エネルギーの開発が突出して推進されていることが、大変気になるのである。また、これが16番目の目標「海の豊かさを守ろう」や17番目の目標「陸の豊かさも守ろう」に相反する効果をもたらし、その結果、11番目の目標「住み続けられるまちづくりを」にも相反することを見逃しているのではないか、と考えてしまうのである。

前述した通り、大規模な太陽光発電施設や風力発電施設の建設は、森を改変させて大量の土砂を排出し、川に流出して氾濫を招き、海へ流出して沿岸を汚染して生態系に影響を与え、最終的に沿岸地形を改変するものである。大げさに言えば、日本列島を改変することになるのである。それは、住み続けることができないくらいまちを、生活を、壊すことでもある。このように、個々の目標達成のための取組みを行い、達成目標間でのトレードオフの矛盾について、ちゃんと議論すべきだろう。

おわりに

我々の進化・発展には、イノベーションは欠かせない。そのための開発も欠かせない。しかし、これらには必ず負の効果がつきものということを忘れてはいけない。一見良く見えることの裏側には、必ず悪いことが隠されている。開発と災害はトレードオフの関係にある。とくに増災は、国土・都市開発、エネルギー対策、食の安全保障などの国、自治体の施策とのトレードオフで発生する。行き過ぎた開発によって、大きな災害を発生させないように、すべての関係省庁で情報共有を行い、国民、都道府県民、そして研究者に対しても、正しい情報を公開して欲しいものである。

増災を未然に防ぐには、正しい情報に基づいて、多くの国民が今起こっていることの良いこと（メリット）と悪いこと（デメリット）を正しく理解しなければならない。そして、大きなデメリットをもたらす誤った政策であることに気づいたなら、国民は声を上げ、マスメディアの力を借りて市町村に、都道府県に、そして国に訴え、政策の変更を促す必要がある。

本著は、その例として再生可能エネルギーの開発、コロナ禍のアウトドアブームに便乗したグランピングという2つの案件を取り上げた。どちらの案件にも筆者が有識者という中立な立場でかかわり、住民側に6割、行政側に4割重心を置きつつ、行政へ意見や提言を行い、住民やマスメディアに対して技術面のみならず法制度について解説する役割を担った。どちらの案件もまだ現在進行形であり、終わっていない。また、完全に解決するものではないかも知れない。しかし、解決に向けて前進していることは確かである。

行き過ぎた再生可能エネルギーの開発は、間違いなく増災となる。世界的な脱化石エネルギー、二酸化炭素排出削減は、EV車や水素発電などのイノベーションを生んでいる。しかし、温室効果ガスの排出削減という理由で、再生可能エネルギー開発へ向けてアクセルを踏み込み過ぎると、取り返しのつかない日本列島の荒廃につながるのである。政府の進めるGX（グリーントランスフォーメーション）とは、地球温暖化や環境破壊、気候変動などを引き起こす温室効果ガスの排出を削減し、環境改善と共に経済社会システムの改革を行う対策と定義されている。政府は、「地域共生型の再エネ導入拡大に向け、森林伐採に伴う災害発生の危険性に直接影響を及ぼし得るような土地開発に関わる許認可取得を再生可能エネルギー電気の利用の促進に関する特別措置法上の認定申請要件とするなどの制度的措置を講ずる」としているが、影響評価の内容が示されておらず、具体性に欠けている。開発に際しては5条森林、国有林、保安林を除くなど、わかりやすい評価基準を設けないと、混乱を招き、法の穴を突いた開発行為が行われるであろう。

安定供給とカーボンニュートラル実現の両立に向け、脱炭素のベースロード電源としての重要な役割を担うとして、政府はGXの柱に原子力を置き、2030年度電源構成に占める原子力発電の比率20～22%の確実な達成に向けて、安全最優先で再稼働を進めるとしている。もう東日本大震災における東京電力福島第一原子力発電所事故を忘れてしまったのであろうか。筆者は原子力発電所の再稼働にも新型原子炉の開発にも反対ではない。むしろエネルギーの安全保障のためには原子力発電も当分の間は必要と考えている。しかし、原子力発電所の再稼働には、安全最優先の具体的な中身についてのリスクコミュニケーションが不可欠なのである。

本著を多くの国民に手に取ってもらいたい。そのために、お絵かきムービークリエイターの荒巻なおみさんに漫画を描いていただいた。筆者は荒巻さんに本著によって筆者が読者に伝えたいことを直接説明した。彼女が要求される図もお渡しした。筆者は物事の全体像を俯瞰的に示すのに長けていると思う。しかし、読者目線で絵を描くことはできない。荒巻さんのお絵かきムービーは、まさに住民目線でイラストが描かれ、吹き出しのコメントが加えられていた。したがって、カバー表紙を彼女の感性で描いていただくようにお願いした。おそらく多くの読者はカバー表紙を見て、増災とは自分にも降りかかる身近な問題であることに気づき、本著を手に取り、そして読んでいただいたことと思う。

最後に、本著の執筆の機会を与えていただいた理工図書に心から感謝したい。教科書「防災工学」を執筆させていただいたのがきっかけで、筆者に防災に関する市民向けの本の執筆をご依頼いただいた。本著の話題はタイムリーではあるがかなりセンシティブである。そのため、理工図書からは適切なアドバイスをいただいた。その結果、実現した本著の出版が、再生可能エネルギー問題やグランピング等の開発で悩む国民、自治体、そして政府に、少しでも役立てば幸甚の至りである。

参考文献

第1章

・松浦茂樹（1988）、明治前期の常願寺川改修とデ・レーケ、水利科学、241号、pp.42-74
・上林好之（1999）、日本の川を蘇らせた技師デ・レーケ、草思社
・池谷浩（2016）、「マツ」の話―防災からみた一つの日本史―、五月書房
・池谷浩（2014）、土砂災害から命を守る、五月書房
・村西周平（2016）、瀬戸のはげ山復旧と萩御殿、「後世に伝えるべき治山」60選シリーズ、水利科学、No.349、pp.115-121
・鈴木猛康 編著（2022）、改訂 防災工学、理工図書
・神戸市、六甲山の歴史と現状、https://www.city.kobe.lg.jp/documents/1078/senryaku-no1.pdf（アクセス日：2022年12月29日）
・秦康範（2020）、浸水想定区域の人口の推移とその特徴、災害情報、No.18-9、pp.165-168
・伊藤雅春、小林郁雄、澤田雅浩、野澤千絵、真野洋介、山本俊哉（2019）、都市計画とまちづくりがわかる本 第二版、彰国社

第2章

・林野庁治山課（2019）、保安林の指定解除事務等マニュアル（風力編）、令和3年3月、https://www.rinya.maff.go.jp/j/tisan/tisan/attach/pdf/h_portal-4.pdf（アクセス日：2022年12月29日）

・鈴木猛康編著（２０２２）、改訂 防災工学、理工図書、pp.273-281
・静岡県副知事難波喬司（２０２２）、逢初川土石流災害に係る「行政手続き確認作業チーム」による確認結果（県の行政手続き）等について（記者会見資料）、https://www.pref.shizuoka.jp/kensetsu/ke-520a/kaiken/211018kaiken.pdf（アクセス日：２０２２年12月29日）
・熱海市（２０２２）、熱海市伊豆山土石流災害に係る熱海市の見解及び対応（概要）、令和４年11月16日、https://www.city.atami.lg.jp/_res/projects/default_project/_page_/001/013/167/soukatsugaiyou.pdf（アクセス日：２０２２年12月29日）
・清水浩ほか、（２０２３）、熱海市伊豆山地区土石流発生に伴う静岡県・熱海市公開に基づく時系列、行政手続き、原因究明の要約と解説、熱海土石流災害原因究明プロジェクトチーム
・一般財団法人地方自治研究機構（２０２２）、土砂埋立て等の規制に関する条例、http://www.rilg.or.jp/htdocs/img/reiki/037_landfill_regulation.htm（アクセス日：２０２２年12月29日）

第３章

・茅野恒秀（２０２２）、第２章「土地問題」としてのメガソーラー問題、どうすればエネルギー転換はうまくいくか、新泉社、pp.83-101
・西日本新聞（２０２３）、５万枚のパネルに囲まれ　メガソーラーから濁流　「命の危険感じて転居」、https://www.nishinippon.co.jp/item/n/984448/（アクセス日：２０２３年１月30日）
・William Alan Reinsch、A dark Spot for the Solar Energy Industry: Forced labor in XingJiang, April19, CSIS, https://www.csis.org/analysis/dark-spot-solar-energy-industry-forced-labor-xinjiang（アクセス日：

２０２３年１月30日）

・矢守克也（２０１８）、空振り・FACP モデル・避難スイッチ：豪雨災害の避難について再考する、消防防災の科学、No.134、pp.7-11

・矢守克也，竹之内健介（２０１８）、マイスイッチ・地域スイッチ、２０１７年九州北部豪雨災害調査報告書、京都大学防災研究所、pp.99-102

・鈴木猛康、呂佳桧、伊藤巧（２０２１）、土砂災害における自主避難を促進するための地区防災の試み―山梨県西桂町下暮地地区の地区防災計画策定支援―、地区防災計画学会誌、No.21、pp.26-37

・鈴木猛康、舒云豪、呂佳桧、伊藤巧、中村涼乃（２０２２）、土砂災害警戒区域の地区防災計画「命を大切に！まずは逃げましょう」―山梨県南都留郡西桂町下暮地地区―、地区防災計画学会誌、No.24、pp.60-73

・京都府太鼓山風力発電所３号機ナセル落下事故報告書（２０１３）、http://www.safety-kinki.meti.go.jp/denryoku/2013/ taikoyama5.htm（アクセス日：２０２３年１月30日）

・内田孝紀（２０１５）、太鼓山風力発電所のナセル落下事故に対する数値流体力学的アプローチによる一考察，日本風力エネルギー学会誌、http://www.riam-compact.com/inc/papers/JWEA_Taikoyama_2015.pdf（アクセス日：２０２３年１月30日）

・高田宏臣（２０２２）、よくわかる土中環境、PARCO 出版、p.36

第４章

・Rakuten Travel、グランピングとは？、https://travel.rakuten.co.jp/mytrip/ranking/glamping（アクセス日：２０２３年１月30日）

・富士河口湖町、富士河口湖町土地開発行為等の適正化に関する条例、https://www1.g-reiki.net/fujikawaguchiko/reiki_honbun/r015RG00000333.html（アクセス日：２０２３年1月30日）
・山梨新報（２０２２a）、県の「建築基準法適用せず」は妥当か　９県都市過半数は〝適用〟２０２２年（令和４年）第３２５４号、９月30日
・山梨新報（２０２２b）、グランピング施設に建築基準法適用　「継続使用」は規制に転換、２０２２年（令和４年）第３２６６号、12月23日
・山梨日日新聞（２０２２）、グランピング規制の網、県、建築基準法の対象に、２０２２年12月24日

第5章

・Yau, W.K., Radhakrishnan, M., Liong, S.Y. and Zevenbergen, C. (2017), Pathirana, A. Effectiveness of ABC waters design features for runoff quantity control in urban Singapore. Water, Vol.9, No.577
・Public Utilities Board, Singapore (2019), Active, Beautiful, Clean Waters Design Guidelines, 4th Edition
・和田一範（２００５）、信玄堤　千三百年の系譜と大陸からの潮流、山梨日日新聞社
・一ノ瀬友博編著（２０２１）、生態系減災 Eco-DRR、慶應義塾大学出版会
・Fabrice G. Renaud, Karen Sudmeier-Rieux, Marisol Estrella and Udo Nehren (2016), Ecosystem-Based Disaster Risk Reduction and Adaptation Practice, Springer International Publishing Switzerland
・鈴木猛康（２０１５）、大規模災害時の広域連携を目指した体制作りと情報共有環境：大規模河川氾濫に伴う広域避難実証実験を通して、都市計画、第３１８号、pp.64-67
・鈴木猛康（２０１６）、大規模河川氾濫を対象とした広域避難体制の構築への BECAUSE モデルの構築と評価、災害情報、No.14, pp.105-115

・鈴木猛康、渡辺貴徳、奥山眞一郎（２０１８）、一人の犠牲者も出さない広域避難のための地区防災計画、地区防災計画学会誌、No.13、pp.34-50
・鈴木猛康（２０１９ａ）、水害に強い甲府盆地のためのリスクコミュニケーション、河川、５月号、pp.23-27
・Takeyasu Suzuk, Takanori Watanabe and Shin'ichiro Okuyama (2019b), Facilitating Risk Communication for Wide-Area Evacuation during Large-Scale Floods, International Journal of Environmental Research and Public Health` Special Issue " Demonstrated Community Disaster Resilience", Vol.16, 2466; doi:10.3390/ijerph16142466
・鈴木猛康（２０２０ａ）、コロナ禍の広域避難訓練　―山梨県中央市リバーサイド地区の取組み―、地区防災計画学会誌、No.19, pp.58-70
・Takeyasu Suzuki (2020b), Building Up a Common Recognition of City Development in the Southern Part of Kofu Basin under the Initiative of Knowledge Brokers with the Cooperation of Experts, Sustainability 2020, 12(16), 6316; https://doi.org/10.3390/su12166316
・鈴木猛康（２０２２）、総研レポート、Vol.21、pp.9-18
・岡村久和（２０２２）、スマートシティの本来の意味：国際的スマートシティの基礎知識１、Tech Note、https://www.ipros.jp/technote/basic-international-smart-city1/（アクセス日：２０２２年12月30日）

第６章

・ロバート・ゲラー（２０１１）、日本人の知らない「地震予知」の正体、双葉社

・山梨県（２０１８）、山梨県土地利用基本計画、平成30年３月、https://www.pref.yamanashi.jp/nikyoten/documents/yamanashi_tochiriyou_keikaku.pdf（アクセス日：２０２３年１月30日）
・国土交通省国土政策局（２０１７）、国土利用計画及び土地利用基本計画に係る運用指針、平成29年４月
・地方自治研究開発機構（２０２２）、太陽光発電設備の規制に関する条例、令和４年10月27日、http://www.rilg.or.jp/htdocs/img/reiki/005_solar.htm（アクセス日：２０２２年12月30日）
・再生可能エネルギー発電設備の適正な導入及び管理のあり方に関する検討会（２０２２）、再生可能エネルギー発電設備の 適正な導入及び管理のあり方に関する検討会 提言（案）、２０２２年７月
・内閣府、科学技術・イノベーション基本計画（案）、https://www８.cao.go.jp/cstp/siryo/haihui053/siryo1.pdf（アクセス日：２０２３年１月30日）
・鈴木宣弘（２０２１）、農業消滅　農政の失敗が招く国家存亡の危機、平凡社新書
・鈴木宣弘（２０２２）、世界で最初に飢えるのは日本 食の安全保障をどう守るか、講談社＋α新書

第７章

・寺本宗正（２０１７）、地球温暖化で土壌から排出される二酸化炭素の量がどれほど増えるのか、国環研ニュース、第３６号、https://www.nies.go.jp/kanko/news/36/36-3/36-3-03.html
・Ben Bond-Lamberty and Allison Thomson (2010), Temperature-associated increases in the global soil respiration record, Nature, Vol. 464, pp.579–582, https://www.nature.com/articles/nature08930（アクセス日：２０２３年１月30日）
・真鍋淑郎、アンソニー・J・ブロコリー（２０２０）、地球温暖化はなぜ起こるか、講談社
・丸山茂徳ほか（２０２０）、ＣＯ２犯人説は世紀の大うそ、宝島社、pp.18-57

- スティーブン・E・クーニン（２０２１）、気候変動の真実、日経ＢＰ
- 日本海洋学会（２０１７）、海の温暖化　変わりゆく海と人間活動の影響、朝倉書店
- 川端穂高（２０２２）、気候変動と「日本人」２０万年史、岩波書店
- 鳥取県立山陰海岸ジオパーク海と大地の自然館（２０２１）、自然界のリズムが気候変動を生み出す、ニュースレター、Vol.35, 2020.11.21、https://www.pref.tottori.lg.jp/secure/1191535Geofield35.pdf（アクセス日：２０２３年1月30日）
- Eric Worral（2021）, Challenging UN, study finds sun—not CO2—may be behind global warming, NEUAS, News feed.com, https://nexusnewsfeed.com/article/climate-ecology/challenging-un-study-finds-sun-not-co2-may-be-behind-global-warming/（アクセス日：２０２３年1月30日）
- Ronan Connolly et. al. (2021), How much has the Sun influenced Northern Hemisphere temperature trends? An ongoing debate, Research in Astronomy and Astrophysics, Vol. 21, No.6, 131(68pp), National Astronomical Observatories, CAS and IOP Publishing Ltd. doi: 10.1088/1674-4527/21/6/131
- 奥本慶士郎、谷本航佑、山田駿介、若山みりあ（２０１５）、インダス川における流量減少問題、https://onumaseminar.com/assets/Intercollegeseminar/2015/mizu.pdf（アクセス日：２０２３年1月30日）

鈴木猛康（すずき・たけやす）

山梨大学名誉教授・客員教授、特定非営利活動法人防災推進機構理事長、
東京大学生産技術研究所リサーチフェロー。

1956 年京都府京丹後市生まれ。

1982 年東京大学大学院工学系研究科修了（1991 年東京大学工学博士）。

技術士（総合技術監理部門、建設部門）。民間企業、防災学技術研究所を経て 2007 年山梨大学大学院教授、2011 年より同大学地域防災・マネジメント研究センター長。2022 年山梨大学を定年退職し、現職に至る。

専門は地域防災、リスクコミュニケーション、ICT 防災など。

受賞は 2012 年災害情報学会廣井賞、2018 年地区防災計画学会論文賞、
2022 年野口賞など。著書は「防災工学（理工図書）」など。

山梨県防災体制のあり方検討委員会委員長等を歴任。

地区防災計画学会幹事等を歴任。

増災と減災　―行き過ぎた再生可能エネルギー開発による災害への警告―

2023 年 5 月 27 日　初版第 1 刷発行
2023 年 8 月 10 日　初版第 2 刷発行

著　者　鈴木　猛康

発行者　柴山　斐呂子

発行所　理工図書株式会社
〒102-0082　東京都千代田区一番町 27-2
電話 03（3230）0221（代表）
FAX 03（3262）8247
振替口座　00180-3-36087 番
https://www.rikohtosho.co.jp
お問合せ info@rikohtosho.co.jp

　ISBN978-4-8446-0929-2
印刷・製本　丸井工文社